I·M·P·R·E·S·S NextPublishing

法人破産奮闘記

山田 淳一 著

経験者が明かす手続き205日の全貌

監修
中島 裕一
竹田 仁

インプレス

はじめに

　多くの書籍のなかから、本書を手にとってくださり誠にありがとうございます。あなたは勇気ある人です。なぜなら、破産という重いイメージのテーマに興味を持ってくださり、現にこうやって本書を開いてくださっているからです。

　私自身、本気で破産と向き合いました。情報が少なく、手探りで向き合う毎日でした。だからこそ、見えたこと、わかったことがたくさんあります。

　さて、本書のテーマはタイトルにもあるとおり「破産」です。出版社さんからは、企画の時点で本当に売れるのか？　と疑問を呈されました。確かに、世の中にある破産関係の本で、ベストセラーと呼ばれているものは、ほぼないのが実情です。

　しかし、売れるかどうかは一旦さておき、本書は今の世の中に絶対必要な1冊、経営者必見の1冊であると自負しています。

　帝国データバンクさんの統計によると、企業の倒産件数は2021年に歴史的な低水準を記録しました。しかし、2023年には8,497件とコロナ前の水準に戻り2024年は9,901件と10,000件に迫る数に達しました。

　円安・原材料や人件費の高騰・後継者不足・人手不足など倒産する理由は様々ですが、舵取りを間違えてしまうとたちまち倒産してしまう。日本経済はそんな局面を迎えています。きっと近い将来、倒産件数がどんどん増えていく『大倒産時代』がやってくるのではないでしょうか。

　そんな大倒産時代を迎える前に破産を経験した私がお伝えしたいのは、

万が一に備えて「倒産」「破産」のことを正しく知っておくこと。リスクを負って挑戦した先の世界を知り、意思決定の参考にすることの2点です。失敗した事例にこそ学びは多く、「挑戦した先の世界（失敗した世界）」を知っている／知らないでは過程・結果が異なってきます。

そして経営者だけでなく、経営者をそばで支える人（家族・従業員・各種士業の方々）にも知っていただき、最前線で奮闘する経営者を支えていただきたいと考えております。

本書は「会社をたたむ」という誰もが経験したくない現実に直面した経営者（破産手続きの実務担当者）の手記であり破産手続きのガイドブックです。法的な手続き・専門用語を分かりやすく解説しているだけでなく、「え!?」と驚くような事件・出来事をありのままに記した1冊です。

本書を最後まで読んでいただければ、リアルな破産手続きを知ることができ、万が一直面することになったとしても怖くありません。そして直面した時の対処方法、経営者がリスクを負わずに経営する方法を身に付けていただくことができます。

本書の執筆を決意したきっかけ

私は2024年3月19日に自身が立ち上げた法人（合同会社トラストリンク）の破産手続きの着手を決めました。初めて法律事務所を訪問した5日後のことです。

幸いにも私自身は自己破産せずに済みましたが、初めて法律事務所を訪れたときの驚きと衝撃は忘れられません。普段、聞き慣れない言葉・思いもしなかった言葉の連続に動揺し、現実の世界ではなくドラマの世界に迷い込んだような錯覚を覚えました。

また、詳しくは本編に譲りますが、私の決断が「レアケース」「担当弁護士にとっての最短記録樹立」という結果に繋がるとは思いもしません

でした。

　スタートした破産手続きは、スムーズに・テンポよく進みません。弁護士から指示を受けて一つ一つ確認・対応をするので、後手に回ることにヤキモキする毎日。破産手続きの事をインターネットで検索しても、手続きの概要は出てきますが「実際にどんな手続きをするのか」「破産手続きが始まると申立人にはどんなことが起きるのか」といった私の不安を解決してくれる情報を見つけることはできませんでした。

　こんな状況、信じられますか？　スマートフォンが普及し、インターネットやAIで調べることが当たり前の世の中で見つけられない事が不思議でなりませんでした。

　そして私は、破産手続きを進めていくうちに「こんなことが起きるのか。知らなかった」と驚き、「（過去に）こんな契約をしていなければ」と思う瞬間があったり、ついには「破産手続きのことをもっと早くに知っておきたかった」と思わずつぶやいていました。「破産した時にどんな手続きが必要になるかを事前に知っていれば、過去の事業判断・意思決定が変わっていたかもしれない」と強く思いました。

　着手から7ヶ月を経て、10月4日に弊社の破産手続きは終結しました。
　振り返ってみても驚きの連続。日常生活からは想像もつかない。市役所や税務署などに出す公的な手続きとも異なっていました。
　同時に「自分と同じように当事者（破産手続きの実務担当者）として困っている人がいるのではないか」「情報を求めている人がいるのではないか」「事前に知りたいと考える人がいるのではないか」という想いに駆られ、本書を執筆することを決めました。

　本書を手に取ってくださった皆様はすでに経営者の立場か、将来経営者

を目指していらっしゃる方、もしくは経営者を支える立場の方もいらっしゃるかもしれません。

　キャリアの選択の幅が広がり法人の設立が容易な現在において、事業の立ち上げ・閉鎖や売却は当たり前のように行われる経営手法です。事業を展開する上で適切にリスクを取るために、法人の畳み方・売却方法・破産手続きを知っておくことは、もはや経営者にとって必須のリテラシーだと言えるのではないでしょうか。

本書の構成

　序章では破産の基礎知識と手続きの全体スケジュールについてご説明します。まずはここで登場人物の役割や用語・手続きの流れなど「破産手続き」の全体像を掴んでください。

　そして第1章では法人の破産手続きの解説を行います。大きく分けて2つの段階を経るのですが、それぞれについて詳しくご説明します。

　第2章では合同会社トラストリンクの破産事件体験記です。私が実際に体験したこと、感じたこと、後日談など赤裸々に綴らせていただきます。

　そして第3章では破産の手続きから学んだこと。とても学びの多い手続きでしたが、私だけで留めておくのはとてももったいないと感じておりますので皆様に共有します。

　終章では、破産手続きを終えた私があなたにお伝えしたいこと・メッセージを示します。

　なお、本書は大阪地方裁判所へ申立てを行うことを前提に記載しています。東京地方裁判所など異なる裁判所へ申立てを行う際には様式等が異なる場合がございますので、あらかじめご承知おきください。

山田 淳一

目次

はじめに ……………………………………………………………… 2
  本書の執筆を決意したきっかけ …………………………………… 3
  本書の構成 …………………………………………………………… 5

序章　破産の基礎知識と手続きの全体スケジュール ……………… 9

「破産」とは何か？ ………………………………………………… 10
  「破産」と「倒産」の違いは？ …………………………………… 10
  破産するとどうなるのか？ ………………………………………… 10
  個人の破産（自己破産）と法人の破産（法人破産）の違い …… 11

「破産手続き」についてわかりやすく解説 ……………………… 12
  関係者にはどんな人がいるのか …………………………………… 12
  どんな流れで進んでいくのか ……………………………………… 13
  「着手〜終結」までに必要な日数のイメージ …………………… 14
  手続きにはどんな費用がいくらかかるのか ……………………… 15

法人が破産すると必ず経営者も自己破産しなければいけないのか …… 17

第1章　法人の破産手続きの解説 ………………………………… 19

前編：「着手〜破産申立て」まで ………………………………… 20
  「着手〜破産申立て」までの流れ ………………………………… 20
  申立人が行うこと …………………………………………………… 21
  申立代理人が行うこと ……………………………………………… 24
  この期間中の注意点 ………………………………………………… 26

後編：「開始決定〜終結」まで …………………………………… 30
  開始決定〜終結までの流れ ………………………………………… 30
  申立人が行うこと …………………………………………………… 32
  申立代理人が行うこと ……………………………………………… 33
  破産管財人が行うこと ……………………………………………… 34

第2章　トラストリンク破産事件体験記 …………………………………… 37

合同会社トラストリンクの事業内容 …………………………………… 38

トラストリンク破産手続きの一部始終 ………………………………… 41
創業～破産を決意するまでに起きていたこと ……………………………… 41
着手～破産申立まで……………………………………………………………… 46
開始決定～終結まで……………………………………………………………… 53

破産手続きの後日談 ……………………………………………………… 61
誰にも引き出せない銀行口座の誕生事件 …………………………………… 61
帰ってきた郵便物の転送事件………………………………………………… 64

第3章　破産手続きから学んだこと ……………………………………… 67

企業経営において学んだ3つのこと …………………………………… 68
1. 資金調達を行う時には慎重に手段を選ぶべし ………………………… 68
2. 連帯保証契約を結ばない・連帯保証人にならない ……………………… 68
3. 弁護士との繋がりを作り、相談できる関係・相談先を確保する ………… 69

経営者がリスクを負わず経営するために注意すべきこと …………… 70
1. 「連帯保証契約」を結んでいなかった………………………………… 70
2. 「自己破産するリスクを負わない」と心に決めていた ………………… 70

破産手続きにおける私の反省点 ………………………………………… 72
1. 申立人―申立代理人の信頼関係の構築……………………………… 72
2. 申立人―申立代理人の「当たり前」をすり合わせる ………………… 73
3. 破産手続きを行う上での申立人（経営者）の心構え ………………… 74
4. 申立代理人・破産管財人からの依頼に対して迅速かつ丁寧に ………… 74
5. 申立代理人・破産管財人からの返答は焦らずゆっくり待ちましょう ……… 75
6. 印鑑が必要な手続きこそ最優先に行いましょう ……………………… 75

弊社の申立代理人から経営者の方へのお願い ………………………… 77
1. 資料を保管しておいてください ……………………………………… 77
2. 早い時期（タイミング）に法律事務所と相談を行ってください ………… 77
3. 申立代理人・破産管財人に嘘をついたり隠し事をしないでください ……… 78

終章　破産手続きを終えてあなたに伝えたいこと ……………………… 79

　破産手続きを終えて感じていること ………………………………… 80

　破産手続きを経験した者として伝えたいメッセージ ……………… 83

　　当事者として破産手続きと向き合っている人へ ……………………… 83

　　資金調達（特に融資）を考えている人へ …………………………………… 85

　　身近な人が破産手続きに臨んでいる人へ ……………………………… 86

　破産を経験した者としての願い ……………………………………… 89

おわりに ………………………………………………………………… 91

　巻末付録　破産にまつわる疑問Ｑ＆Ａ …………………………… 95

　　Q. 会社の経費で買ったテレワークの備品の扱いはどうなりますか？ ………… 95

　　Q. 会社の資産を個人で買い取ることはできますか。 ……………………… 95

　　Q. 破産手続きにおいて「決算」はどのように行うのでしょうか。 …………… 96

　　Q. 申立人は破産後の次のキャリア・挑戦をいつから始めることができますか？ 97

　　Q. 終結後に返却されてきた資料・通帳・印鑑の取り扱いはどうしたら良いです

　　か？ ………………………………………………………………………… 99

　巻末付録　報告書サンプル …………………………………………… 100

1

序章　破産の基礎知識と手続きの全体スケジュール

◉

序章では登場人物の役割・手続きの進み方など基礎知識を丁寧に解説します。まずは破産手続きの全体像を知ることから始めましょう。

「破産」とは何か？

　まずはテーマの根幹である「破産」について解説します。

　破産とは**借金を返済できなくなった個人・法人が裁判所の力を借り、資産を処分（売却）し、債権者に配当することで債務を清算する手続き**のことを指します。

　なお、個人・法人にそれぞれ特有の手続きがありますが、本書では「法人の破産手続き」のことだけご説明します。

「破産」と「倒産」の違いは？

「破産」に似た言葉として「倒産」という言葉があります。よく混同されがちですが、破産よりも広い意味で使われ、企業が事業を継続できなくなった状態の時に使われます。

　違いを一言で言うと「倒産」は**＜企業の状況＞**を表し、「破産」は**＜法的手続き＞**を表します。詳細は割愛しますが、倒産した会社が必ずしも破産手続きを行うわけではありません。民事再生や会社更生といった企業再建の道筋を探す企業もあるでしょう。倒産状態の会社が取れる手段の一つに「破産」という手続きがあります。

破産するとどうなるのか？

　それでは、「破産する」「破産手続きに着手する」と申立人にとってどんなことがあるのか。さっそくみていきましょう。

10 ｜ 序章　破産の基礎知識と手続きの全体スケジュール

「破産手続き」と聞くと「家のドアをドンドン叩かれる」「自宅に怖い人が取り立てにやってくる」というイメージを持っていませんか？　正直に申し上げると、私はそういったイメージを持っていました。

しかし、実際にはそのようなことは一切なく、家にもオフィスにも取り立てに来た人はいません。

破産手続きは実のところ**「申立人の立場を守り、違法な取立てから守る手続き」**なのです。間違っても申立人が怖い想いをするような手続きではありません。今回、当事者となって初めてこのことを知りました。

万が一、取り立てに来たら「違法行為です」とはっきり言うための手続きだったのです。

個人の破産（自己破産）と法人の破産（法人破産）の違い

ここで少し法律面のことを解説させていただきます。

同じ「破産」であっても、主体が個人・法人といった「人格」の違いにより破産手続きの内容が大きく変わります。

個人の自己破産の場合は「破産」と「免責（債務を返済する義務を免除する）」という手続きを行いますが、法人の場合は**「破産」の手続きのみ**を行います。詳細は割愛しますが、これは破産手続きが終結するとその法人が消えてなくなってしまうからです。

ここでは「個人と法人では破産手続きが異なる」という事実を知っていただければ十分です。

なお、本書では法人の破産手続きのことだけを解説しており、個人の破産手続きについては触れておりません。

序章　破産の基礎知識と手続きの全体スケジュール

「破産手続き」についてわかりやすく解説

関係者にはどんな人がいるのか

　破産手続きを進めていくと以下で示したような関係者が登場し、手続きが進んでいきます。

　それぞれがどのような立場・役割なのか見ていきましょう。

・申立人：破産した法人。主に代表者が実務を担う。

・申立代理人：申立人の代理を行う弁護士。申立人が自由に選び・依頼することができます。申立人に寄り添い、破産手続きの代理・伴走を行います。主な役割は資産・負債及び債権者の特定（金額の特定）・申立書類の作成です。

・破産管財人：裁判所により選任される弁護士。公平な立場で事件を調査し、資産・負債・債権者を調査し、申立人の資産を売却・換価処分（資産を処分し現金化）する権限を持っています。申立人は破産管財人の選任に関わることはできません。裁判所が選任します。

・裁判所：破産手続きの開始や破産管財人の選任、破産手続の終結を決定します。

・債権者：破産手続き開始前に申立人に対して借金の返済、支払い等を求める権利を持っていたため、破産手続きに参加する権利があります。例：銀行など

12 ｜ 序章　破産の基礎知識と手続きの全体スケジュール

どんな流れで進んでいくのか

ここからは、破産手続きの流れ・進み方を見ていきましょう。

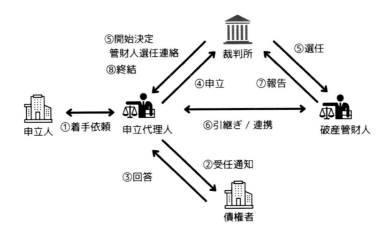

①着手依頼：申立人が申立代理人に「破産手続きの着手」を依頼します。
②受任通知：申立代理人が債権者に対し「破産手続きの開始」を伝えます。債権調査票を同封し債権金額を調査します。
③回答：債権者が申立代理人へ債権金額を回答します。
④申立：調査した結果に基づき破産申立て（報告書の提出）を行います。
⑤開始決定・管財人選任連絡：報告内容に基づき破産手続きの開始及び破産管財人の選任を行います。
⑥引継ぎ・連携：申立代理人から破産管財人へ、申立人から預かっている資料等の引き渡し及び事件の引継ぎが行われます。この時に申立人・申立代理人・破産管財人の三者での面談が行われます。
⑦報告：事件の調査・資産の処分・売却を経て調査内容を裁判所へ報告

します。
⑧終結：破産管財人からの報告を受け債権者集会を開催。その後、裁判所が終結の判断を下します。

「着手〜終結」までに必要な日数のイメージ

破産手続きの流れ・必要な期間など全体のスケジュールを見ていきましょう。

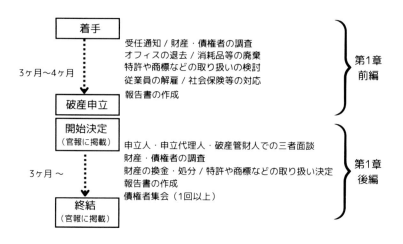

着手から破産申立まで通常3〜4ヶ月程度を要します。
　具体的には申立代理人による事件（法人の破産事件）の調査が行われます。資産・負債と債権者の調査及び確定、破産に至った経緯を確認し裁判所へ報告書が提出されます。

　破産手続きの開始決定から終結までは、3ヶ月から6ヶ月程度を要しま

す。後述する債権者集会の開催時期・回数によっては4、5ヶ月と早く終結する事件もありますが、長い事件になると6ヶ月を越え、1年以上の時間が必要になる場合もあります。

　破産手続きの開始決定と共に官報へ掲載され世間に破産情報が発信されます。裁判所に選任された破産管財人の手による事件の調査・資産の処分が行われます。こちらでも調査・処分の結果を裁判所へ報告書が提出されます。

　つまり、破産手続きとは、**申立代理人と破産管財人による二重調査**の結果を踏まえて裁判所が判断を下す手続きと言えます。

手続きにはどんな費用がいくらかかるのか

　言うまでもなく、破産するということはお金が少なく借金の返済が難しいのですが、破産手続きを行うにもお金が必要になります。

　どうやってそのための費用を捻出するのか、どれくらいの費用が必要なのか見ていきましょう。

・手数料：申立代理人（法律事務所）への報酬。法律事務所が自由に設定することができます。
・裁判所予納金：主に債権者の数によって金額が決まっています。後々、破産管財人の報酬となるのですが、大阪地方裁判所の場合は最低でも20万円以上が必要です。裁判所により金額が異なる場合があります。
・官報広告費：官報に破産手続きの事を掲載するための費用。1万円〜2万円程度。
・雑費：破産手続きで必要になる印刷代、切手代などの諸経費。
・オフィス賃料：オフィスの退去までに必要な賃料。
・原状回復費用：オフィスの退去に伴う原状回復に必要な費用。

序章　破産の基礎知識と手続きの全体スケジュール　15

・リース契約等の解約や処分に係る費用：事業運営で活用していた機械
　や什器、サービスの解約・処分に必要な費用。

・従業員対応費用：解雇予告手当や解雇までの人件費、社会保険料。

※これらはあくまで一例です。手続きの内容・企業によっては上記以外にも費用が発生する場合があります。

法人が破産すると必ず経営者も自己破産しなければいけないのか

　法人が破産した時に経営者個人も自己破産しているケースを聞いたことがありませんか？

　これまで法人と経営者の双方が同時に破産するケースが多かったですが、必ずしもそうとはいえません。

　実際に私は法人の破産手続きを行いましたが、私自身は自己破産していません。

　それではなぜ法人が破産すると経営者自身も自己破産するかというと、法人が融資や大型の設備投資・リース契約等を結ぶ時に**経営者が「連帯保証人」になっている**ことが多いからです。

　法人が支払・返済することができない時には、その弁済義務を経営者が負うことになります。

　金額によっては支払うことができる場合もあると思いますが、事業の大きさ・融資等の金額の大きさによっては経営者個人の資産を使っても弁済できない場合もあるでしょう。そうなった時には経営者自身も自己破産を行うことになります。

　これまでは当たり前のように経営者の連帯保証契約が結ばれており、「法人の破産（倒産）＝経営者自身も自己破産」というケースが多く見られました。

　帝国データバンクさんが公表している「全国企業倒産集計2024年報・12月」によると2024年（1～12月）の倒産件数は9,901件。3年連続で前年を上回っています。この中で破産手続きは9,271件と全体の93.6％を占

めています。ほとんどの企業が再生を目指すのではなく破産を選んでいるのです。

資本金規模別でみてみると、個人事業主（1,727件）・資本金1,000万未満（5,317件）を合わせると7,044件と倒産件数の71.1%を占めています。

業績だけでなく円安や物価高、原材料の高騰、少子高齢化、働き手の不足、後継者不足などをきっかけに倒産・廃業する企業は今後も増えていくことが予想されます。

弊社の申立代理人を務めて下さった万和法律事務所さんに話を聞くと、弊社のように「法人は破産するが経営者は自己破産しない」というのは2024年時点ではレアケースだと言われました。

法人の破産と個人の自己破産をセットで行うことが多く、弊社のようなケースは100社の破産手続きのうち1社もない。それくらいの確率だそうです。

しかし、2014年2月2月から適用されている「経営者保証に関するガイドライン」では、経営者保証なしでも融資を受けられる道が示されています。ガイドラインの適用対象となることができれば、経営者の連帯保証を必要とせず資金を調達できる場合があります。

2024年6月に金融庁が公表した「民間金融機関における『経営者保証に関するガイドライン』等の活用実績について」では、2023年4〜9月における新規融資件数（約120万件）のうち46.7%が経営者保証に依存しない融資を行っています。

適用されて10年が経過し徐々に活用事例が増えており、今後は「法人は破産するが経営者は自己破産しない」というケースが増えてくるといえるでしょう。

2

第1章　法人の破産手続きの解説

本章では、序章でご紹介したうちの「法人の破産手続き」について、より詳しく具体的な内容を見ていきます。前編では「着手〜破産申立て」まで、後編では「開始決定〜終結」までに分けて解説します。

前編：「着手〜破産申立て」まで

「着手〜破産申立て」までの流れ

　まずは着手〜破産申立までの期間についてです。

　申立人が申立代理人に着手を依頼することで破産手続きが始まります。
　実はこの着手から破産申立までが一番処理・作業が多く申立人・申立代理人に負荷がかかる段階です。
　今になって思うと一番負荷がかかるのは当然のことですよね。これまで事業を営んでいた会社の状況を整理し資産と負債を調べていくのと同時に、その事業をたたむ手続きを並行して行うことになります。
　申立人と申立代理人で手分けをして行うのですが、始めた事業をたたむことは新たに立ち上げる以上に大変だというのは、経営者であれば肌で感じていらっしゃるのではないでしょうか。

　段取りを簡単に図にすると記載したような処理・作業が必要です。

20　第1章　法人の破産手続きの解説

【 着手〜破産申立の期間における手続き / 処理 】

申立代理人との委任契約の締結及び費用の支払（着手）

債権者の特定 / 受任通知の送付 / 申立代理人による事件の調査開始

オフィスの退去 / 什器や備品などの処分
従業員向けの対応（解雇 / 離職票 / 社会保険の資格喪失 / 住民税の異動届など）
申立代理人へ預金通帳・印鑑類・現金の引き渡し
関係省庁への届出など

申立代理人による申立書類・報告書の作成

裁判所へ破産申立書類の提出（破産申立）

　とても申立人一人では処理することができないので、申立代理人だけでなく社労士や会計士など経営における各部門・専門家の力を借りながら進めていく必要があります。

　小規模な法人の場合は経営者自身が多くの作業を行わなければいけませんが一つ一つ丁寧に行うことが大切です。分かりづらい・理解できない指示を受けた時には、遠慮なく申立代理人に相談しましょう。

　なお、ここで分からないまま処理を行ったり、相談・質問せずに放置していると後々の手続きに影響を及ぼしてしまう場合があります。

申立人が行うこと

　着手〜破産申立ての間に、申立人が行うことは下記の8つです。

1. 申立代理人への着手依頼、費用の支払い、必要な資料・物の引き渡し
2. 従業員への解雇対応、及び給与支払事業所等の廃止届の提出

第1章　法人の破産手続きの解説　21

3. 事業の廃止に伴う関係省庁への申請（許認可の廃止申請など）

4. オフィスの退去・什器や機材の撤去の立ち合い

5. 帳簿類の保管・取り扱いの検討

6. 未回収の売上、今後の支払予定の有無の確認

7. 在庫や資産の確認、特許や商標なども含めて今後の取り扱いを検討

8. 事業で使用していた各種システムなどの利用停止・解約

　各項目について、簡単にご説明します。

1. 申立代理人への着手依頼、費用の支払い、必要な資料・物の引き渡し

　申立代理人と委任契約を締結し、序章で解説した手数料・裁判所予納金・官報広告費・雑費などを支払うことで破産手続きが着手されます。

・引き渡す資料などの例

　3期分の決算資料、オフィスを借りている場合は賃貸借契約書、その他負債に関わる契約書、預金通帳、印鑑（代表者印、銀行印、角印）、残っている現金

・預金通帳や印鑑、現金を引き渡す理由

　申立代理人に預金通帳や印鑑など重要な物を預ける主な目的は「資産の保護」です。残っている資産を保護し、債権者へ適切に配当するための処置です。法人のために良かれと思って行ったことが、事態を悪化させないために申立代理人に預けなければいけません。

2. 従業員への解雇対応、及び給与支払事業所等の廃止届の提出

　これまでに経営状況をご説明されているかもしれませんが、改めて従業員へ退職日や「会社として支援できること」をお伝えください。また、

社会保険においては経営者を含め全ての従業員の資格喪失手続きを終えた後に、給与支払事業所等の廃止届を提出します。

3. 事業の廃止に伴う関係省庁への申請（許認可の廃止申請など）

事業内容によっては各省庁から許認可を得ている場合があるでしょう。それぞれの関係省庁に確認の上、必要な手続きを行ってください。

4. オフィスの退去・什器や機材の撤去の立ち合い

処分する什器・機材を運び出すための立ち合いが必要です。なかには処分してはいけない機材が残っている場合がありますのでご注意ください。

5. 帳簿類の保管・取り扱いの検討

破産手続きが進む中で申立代理人・破産管財人からの問い合わせに対応するため、オフィスを退去しても帳簿類の保管が必要になります。「誰が」「どこで」保管するのかを検討し、オフィスの退去までに運び出しましょう。

6. 未回収の売上、今後の支払予定の有無の確認

必ず申立代理人に金額・回収時期・支払時期をお伝えください。特に未回収の売上は貴重な収入です。資産の保護という観点から重要視されます。

7. 在庫や資産の確認、特許や商標なども含めて今後の取り扱いを検討

必要に応じて保管者や引継ぎ担当を決め、破産管財人と相談することになります。

8. 事業で使用していた各種システムなどの利用停止・解約

債権者以外の関係者・顧客・協力会社には申立代理人や破産管財人は

原則として連絡をしません。

　事業で使用していた各種システム等の利用を早期に停止し解約を行ってください。

破産手続きの終結に向けて事前に検討しておいた方が良いこと

　申立代理人に預けた資料・預金通帳・印鑑は破産手続き終結後に返却されます。保管していた各種資料と合わせて終結後の取り扱い・処分方法を事前に検討しておきましょう。

申立代理人が行うこと

　着手～破産申立ての間に、申立代理人が行うことは主に下記の5つです。

1. 資産・負債の調査、債権者の確認、受任通知・債権調査票の送付
2. 什器や機材の処分と処分業者の手配
3. インフラ（電気・水道・ガス・電話）の解約手続き
4. 破産申立書類の準備 / 報告書の作成
5. 報告書に記載する事項を確認し、未対応の事項があれば申立人に対応の支援

　各項目について、簡単にご説明します。

1. 資産・負債の調査 / 債権者の確認 / 受任通知・債権調査票の送付

　申立人の資産・現金を保護し、正確な負債金額と債権者を特定することが一番の目的です。申立人とのヒアリングだけでなく、預かった資料や会社に送付されてくる日々の郵便物を利用し調査を行います。

　債権者を特定し負債金額を調査するために受任通知書と債権調査票を送付します。これは申立人の保護を目的にしており、受任通知を受け取っ

た債権者は債務者（申立人）への請求や督促を停止しなければいけません。受任通知の受け取り以降も請求や督促を続けた場合、罰金・罰則の対象となる場合があります。

また、受任通知と合わせて送付する債権調査票は、債権者側が認識している債権額を申告してもらう為の書類です。時折、申立人と債権者の認識が異なっていることがあり、債権者からも申告してもらいます。なお、債権通知書の回収には返信期日を設け、1ヶ月程度の期間を設定するのですが、金融事業会社にとっては慣れた手続きで、期日ギリギリに到着することが多いようです。

2. 什器や機材の処分と処分業者の手配

申立代理人が主導しオフィスや事業所で使用している什器や各種機材の処分・廃棄を行います。申立人ではなく申立代理人が主導することで第三者による資産隠しを防ぎ、適切な手段で処分・廃棄することが目的です。なお、この際に処分するのは安価な物・換金できない物が中心となります。高額な物・換金できる物は破産管財人に処分を委ねることになります。

3. インフラ（電気・水道・ガス・電話）の解約手続き

必要に応じて申立人に代わり、各種インフラの解約手続きを行います。

4. 破産申立書類の準備／報告書の作成

裁判所へ破産申立を行う為に必要な書類を取り纏め報告書を作成します。

・必要な書類例

破産の根拠となる決算書類、借入等の契約書、財産目録など

※参考：弊社のような小規模事業者でも厚さ3cm以上の申立書類が作成されました。

5. 報告書に記載する事項を確認し、未対応の事項があれば申立人に対応の支援

・報告書に記載する事項例

　事業内容、事業所情報（不動産の所有の有無、賃貸の場合は家賃・返戻金の金額）、従業員関係（人数、解雇対応、離職票や社会保険の対応）、支払い状況、免許や許可の有無、売掛金の有無、機械や什器備品・在庫の有無、破産に至った事情など。

※詳細は巻末の報告書サンプルをご参照ください。

　各項目を確認し、未対応の項目があれば申立人に確認・実施に向けた支援を行います。

・報告書の記載内容について

「破産原因が生じた（債務者の事業が不振に至った経緯、債務が増大した）事情」の記載内容は申立人に確認を依頼します。これまでにも破産に至った経緯をヒアリングされていると思いますが、申立代理人は破産企業の業界・事情に精通しているとは限りません。

　裁判所に対して正確な報告を行う為には、申立人（当事者）が確認する必要があります。

この期間中の注意点

破産手続きを着手すると経営者の権限はどうなるのか

　破産手続きに着手すると「経営者の権限がなくなってしまう」と思いがちですが実はそうではありません。

　破産手続きを始めたばかりの段階では、経営者は会社代表としての立場を維持し、会社の資産を処分するなどの権限も持っています。

　つまり、申立代理人は手続きを代行しているにすぎません。

経営者の権限が完全に失われるのは、「破産手続き開始決定」が出されたときです。この決定が出ると、会社の財産はすべて裁判所が任命した破産管財人の管理下に置かれ、経営者は会社の運営に関与できなくなります。

　つまり、破産手続き開始決定が出るまでは、経営者として権限を持ち、手続きに携わっているのです。

申立代理人目線で見る「資産」とはどんなものか

「申立人の資産」を調べるときに、申立代理人は不動産や車など「固定資産税のかかる物」、「預金・証券・保険といった金融資産」、「大型の備品や機械」などありとあらゆる物を調べ、会社の規模が大きくなればその調査の範囲は広くなります。

　要するに「お金になりそうな物」を申立人からのヒアリングし、帳簿・郵便物などから紐解いていくのです。

　詳細は割愛しますが、郵便物からいろんなことが分かるなんて探偵みたいですよね。

　固定資産税のかからない小さな備品は、申立人の判断で処分して良いのかというとそうではありません。

　売却することでお金に変えられる物や帳簿上で購入した事実の分かる物が無くなっていた場合、破産管財人から指摘・調査を受けることになりかねません。

　破産管財人の立場から見ると「処分した物は価値があったのではないか（資産・換金できる物だったのではないか）」「法人の資産を不法に持っていったのではないか」と見えてしまい、調査・確認を行うのが破産管財人の役目です。

　安価な付箋1つやシャープペンシル1本まで残しておく必要はありませ

んが、「買った時は値段が高かったな」「これは売れるかもしれない」と感じる物は自己判断で処分するのではなく、申立代理人へ相談・確認することをおすすめいたします。

従業員の解雇はいつしたら良いのか

　経営において雇用が重要だということは皆様もお考えのことでしょう。破産手続きにおいても「いつまで従業員を雇用するか」ということはとても重要な問題です。

　経営者としては「従業員の雇用は守る」という強い意志をお持ちの方もいらっしゃると思いますが、従業員の解雇が遅れ、給与債権が膨れ上がっていくことは破産手続き全体としても良くないと言われています。なぜかというと、破産管財人の立場からすると「解雇を遅らせたことにより残せたはずの財産を減らしてしまった（負債を増やした）」と見られてしまう可能性があるからです。

　従業員の早期の生活再建のためにも、法人の破産手続きの為にも決断しなければいけない時が必ずやってきます。「いつまで雇用するか」は法人の状況により変わりますので、顧問契約を結んでいる社労士や申立代理人と相談の上、決定してください。

　また、従業員の給与債権は破産手続きの配当において優先的に扱われる債権です。給与債権だけでなく住民税・所得税等の税金に関わる手続き、社会保険の手続きなどは従業員の生活に密着した手続きでもあります。

　従業員の転職・生活の再建という観点からも計画的で丁寧な対応が必要となります。

破産手続き中のお金（現金）の管理・支払いはどうしたら良いのか

　破産手続きの着手以降、「一切の支払いができない」というわけではあ

りません。

　現金・預金通帳・印鑑等は申立代理人が保管・管理するので申立人の手を離れますが、税金関係やオフィスの明け渡し費用など「破産手続きに必要な費用」は申立代理人の判断で支払いが行われます。

　この期間に申立人のところに請求書が送付されてきても、申立人の判断で支払うのではなく申立代理人に委ねることになる点は注意が必要です。

後編：「開始決定〜終結」まで

開始決定〜終結までの流れ

　裁判所から開始決定の通知を受けると、破産手続きは次のステージへ進みます。

　この段階では、どんなことをするのか、どれくらいの期間がかかるのか、詳しく見ていきましょう。

　実は着手〜破産申立までと比べると、申立人・申立代理人の作業がグッと少なくなります。

　丁寧に破産申立までの対応を行ってきていたら、申立人の作業はビックリするくらい軽くなります。申立人にとっての山場はもう超えているのです。

　段取りを簡単に図にすると記載したような処理・作業が行われます。

【 開始決定〜終結の期間における手続き / 処理 】

裁判所が破産手続きの開始を決定及び破産管財人の選任（官報に掲載）

管財人事務所にて破産管財人・申立代理人・申立人による三者面談

破産管財人による事件の調査開始
資産（不動産・動産）の処分 / 換金

破産管財人による報告書の作成

裁判所にて債権者集会の開催

裁判所による廃止決定（終結）

　この期間は破産管財人の手によって破産事件の調査が行われ、資産の処分・換金が行われる期間です。

　目安としては3〜6ヶ月程度の期間を使って調査されますが、不動産など処分に時間を要する物が含まれている事件の場合は、相応の期間が必要となります。

　終結の際は、破産管財人の報告を元に裁判所が「配当」か「破産手続きの廃止」を検討します。検討後の結果は申立代理人を通して連絡を受けます。

　ここで改めて「申立代理人」と「破産管財人」を整理してみましょう。

・申立代理人：申立人が自由に選び依頼することができる弁護士。申立人に寄り添い、申立人の希望を汲み取りながら破産申立手続きを行う。着手〜終結まで伴走してくれる申立人の味方です。
・破産管財人：裁判所に選任される弁護士。公平な立場で破産事件の調

第1章　法人の破産手続きの解説 | 31

査を行い債権者への配当を行う立場です。申立代理人から提供される資料を基に調査を行い、申立人の資産の処分・換金を行い、裁判所へ報告する役割を負っています。

それではこの期間に申立人・申立代理人・破産管財人が行うことを見ていきましょう。

申立人が行うこと

開始決定〜終結の間に、申立人が行うことは下記の3つです。

1. 申立代理人と共に破産管財人との三者面談に参加
2. 破産管財人からの問い合わせ対応
3. 裁判所で行われる債権者集会への出席

各項目について、簡単にご説明します。

1. 申立代理人と共に破産管財人との三者面談に参加

破産管財人との顔合わせ。申立代理人から破産管財人への事前引継ぎを踏まえて必要に応じて破産管財人より質問を受けます。

2. 破産管財人からの問い合わせ対応

必要に応じて申立代理人を通して問い合わせを受ける場合があります。

弊社の場合はほとんど問い合わせがありませんでした。後述する動産の買取に関わる交渉時のみ申立代理人を通して連絡を取りました。

3. 裁判所で行われる**債権者集会への出席**

　開始決定時に指定された集会日時に申立人・申立代理人・破産管財人・債権者が集まり、裁判官より破産管財人の調査に基づく報告を聞く債権者集会へ出席します。

　詳細は私の体験を含めて第2章にてご説明いたしますが、唖然とする内容でした。

申立代理人が行うこと

　開始決定～終結の間に、申立代理人が行うことは下記の3つです。

1. 申立人と共に破産管財人との三者面談に参加
2. 破産管財人からの問い合わせ対応
3. 裁判所で行われる債権者集会への出席

　各項目について、簡単にご説明します。

1. 申立人と共に破産管財人との三者面談に参加
　破産管財人との顔合わせ及び、事件の引継ぎ（申立人から預かっている資料等の引き渡し）を行います。

2. 破産管財人からの問い合わせ対応
　必要に応じて申立人や会計士・社会保険労務士などの各種専門家とも連携し破産管財人へ回答します。

3. 裁判所で行われる**債権者集会への出席**
　申立人とともに、申立代理人も債権者集会への出席が必須となります。

破産管財人が行うこと

　破産管財人の一番の役割は「1円でも多くお金を集めて債権者へ配当すること」です。しかし、破産手続きを行う法人には債権者に配当するお金が残っていない場合が多いです。

　そこで破産管財人は、経営が悪化し始めた頃から破産手続きの開始決定までの間のお金や資産の動きをチェックします。万が一、資産隠しの為に個人や他法人へ現金や資産が移されていた場合には、破産管財人はそれを取り戻す権限を有しています。

　開始決定〜終結の間に、破産管財人が行うことは下記の6つです。

1. 申立人・申立代理人との三者面談
2. 資産・負債の調査、債権者の確認
3. 資産の処分・換金・銀行口座の解約
4. 破産財団の管理
5. 報告書の作成
6. 裁判所で行われる債権者集会への出席

　各項目について、簡単にご説明します。

1. 申立人・申立代理人との三者面談

　破産管財人事務所において申立人・申立代理人と面談を行います。事前に送られてきた資料を確認し、必要に応じて申立人に確認・ヒアリングを行います。

　この三者面談時に申立代理人が取りまとめた資料・申立人が申立代理人に預けていた預金通帳や印鑑を受け取ります。

34 ｜第1章　法人の破産手続きの解説

2. 資産・負債の調査、債権者の確認

業績が悪化し始めた頃からの取引の確認・必要に応じて取引の否認を行います。

3. 資産の処分・換金・銀行口座の解約

破産手続きの開始決定日時点の申立人の資産を処分・売却し換金する手続きを行います。不動産や車両など高額な資産は、相応の期間を使って換金します。また、申立人名義の銀行口座の解約手続きも破産管財人が行います。

全ての資産の処分・換金を行った結果、一定以上の金額が集まった時には債権者に対して配当を行います。

4. 破産財団の管理

突然「破産財団」という聞き慣れない言葉が出てきました。
「破産財団」がどんなものかというと、**申立人が破産手続き開始時に保有していた全ての財産をひとまとめにしたもの**です。

破産手続き開始後に破産管財人によって処分、換金されたお金や裁判所予納金として納めたお金も含まれ、債権者への配当の原資・破産管財人の報酬になります。

破産管財人が努力しお金をかき集めた労力に報いるために、回収した金額によって破産管財人の報酬が増額される場合があります。

5. 報告書の作成

すでに申立代理人の作成した報告書が裁判所に提出されていますが、公平な立場である破産管財人の手で、もう一度報告書が作成されます。

申立代理人が作成する報告書との一番の違いは、申立人に記載内容の確認を取らないという点です。

6. 裁判所で行われる債権者集会への出席

　申立人・申立代理人とともに債権者集会へ参加します。

3

第2章　トラストリンク破産事件
体験記

●

　本章では私が体験した破産手続きを包み隠さず記させていただきます。「え!?」と思われるような事件も含まれているかもしれませんが全て事実です。破産手続きを終え、振り返ってみても「大変だった」という印象はありません。「想像よりも手間が掛からなかった」というのが正直な印象です。私自身が自己破産せずに済んだこと、弊社の事業がシンプルで小規模な事業だったからではありますが、「大げさに想像していたんだ」と思うくらい労力はかかりませんでした。ストレスが掛かった瞬間はありましたがそれは一瞬のことで、今となっては「他所の破産手続きに比べるときっと格段に軽い手続きだったのだろう」と思っています。

合同会社トラストリンクの事業内容

　まずは簡単に弊社の事業（人材紹介事業）・ビジネスモデルについて触れさせていただきます。

　2020年1月、私は合同会社トラストリンク（人材紹介事業）を設立しました。創業から破産まで、従業員は私1人の小さな会社です。
　人材紹介事業とは企業と転職希望者の間に入り正社員雇用の斡旋・仲介を行う事業です。「転職エージェント」とも呼ばれ、企業の求人情報と転職希望者の個人情報をマッチングし、採用・転職がスムーズに行われるようサポートします。メインの収益源は採用企業から得る紹介手数料です。

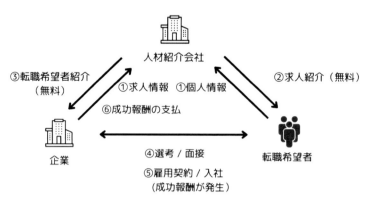

「求人情報・個人情報の獲得」から「内定承諾・成約」「入金」まで平均すると4〜5ヶ月程度の期間を必要とします。

昨今、「利益率が高い」「参入が容易」といった謳い文句をきっかけに参入する企業が増えていますが、実は難易度が高くキャッシュフローに時間を要する事業です。

実際にはどんなことをしているかというと、採用企業から「営業職」「経理職」といった求人情報を預かります。そこから、自社が保有している転職希望者の中からマッチした人材を探し、転職希望者の了承を得て採用企業に推薦します。

人材紹介事業では採用企業との契約は成功報酬型の契約を結ぶことが多いです。「採用・入社までは無料」なので、仮に50人推薦（個人情報の開示）し20人と面接の機会をセッティングしても、採用企業に費用は発生しません。採用選考が進み、転職希望者が入社して初めて費用（採用手数料）が発生します。

転職希望者は何十社と企業の求人情報の紹介を受けても、手厚いサポートを受けても費用は発生しないモデルです。転職希望者からお金をいただくことはありません。

採用企業に「求める人物像」があるように転職希望者にも「理想の会社」があります。この2つがマッチングして初めて報酬を得ることができるビジネスモデルです。

そのため、たくさんの企業から求人情報を預かっても、たくさんの転職希望者を集めてもマッチング（採用・入社）しなければ1円も稼ぐことができません。そんなビジネスモデルなのです。

少子高齢化が進み、求人倍率が高まり新卒採用・中途採用共に「売り手市場」と言われる2025年現在において、「企業の求める水準の人材を探

すこと」「転職希望者が満足する企業・求人を紹介すること」はとても難しくなっています。そんな状況において、採用企業と転職希望者をマッチングさせることが人材紹介会社の腕の見せ所と言えます。

トラストリンク破産手続きの一部始終

　ここからは、実際に私が体験した破産手続きの一部始終をお伝えします。

創業〜破産を決意するまでに起きていたこと

　弊社が産声を上げた2020年1月は新型コロナウイルスのニュースが広まり始めたばかり。感染拡大の不安が日本中に広まり始めたときでした。有料職業紹介事業の許認可を取得した2020年4月には、緊急事態宣言が発令されるという波乱の幕開けとなりました。

　当初は自己資本だけで経営を行っていました。「銀行からの融資は受けない」と心に決めていたからです。

　しかし、新型コロナウイルスは当然、弊社事業に影響を与え、想定していなかった事態に直面します。1年目の売上は計画を大幅に下回り、1年目にして倒産の危機に瀕しました。「融資を受けない」と心に決めていたにも関わらず融資を検討せざるを得なくなりました。

　悩んだ末に、新創業融資制度を活用し資金を調達したことにより、弊社は倒産の危機を脱することができました。

　新創業融資制度とは、日本政策金融公庫が提供していた融資制度です。創業間もない法人・個人事業主が無担保・無保証人で融資を受けることができた制度ですが、2024年3月をもって廃止になりました。

　その後、2021年（2年目）は計画を越えた実績を残すことができ、経営

は安定し始めたかのように見えました。

　転機となったのは2022年10月、事業拡大を目的にオフィスの移転を行った直後から業績が悪化。2022年は満足できる業績で終えることができたものの、2023年の業績に暗い影を落としていました。そのため、新型コロナウイルス感染症特別貸付を活用した2度目の資金調達（融資の借り換え＆追加融資）を行いました。

　新型コロナウイルス感染症特別貸付とは、新型コロナウイルスの影響で一時的に業況悪化を来している企業に対して、日本政策金融公庫など政府系金融機関が提供していた融資制度です。

　借り換えを行うことで短期資金の確保と金利の軽減を実現したものの、2023年は年間を通して苦しい状況が続き、業績はさらに悪化しました。

　2024年に入り、運命の3月14日を迎えます。

　当時、私は事業継続を諦めてはいませんでした。「倒産することになったらお金と時間が必要になるはず。実際にはどれくらいの金額・期間が必要なのか分からない」といった認識しか持っていませんでした。

　これまでも顧問契約を結んでいた会計事務所の担当者と何度も相談・意見を交わし、経営改善に向けて模索を行っていました。

　その中の最悪のシナリオが破産・倒産だったのですが、会計事務所の担当者は「専門ではないので正確なことは分からない」といった具合。不安に駆られた私は「万が一に備え専門家（弁護士）の話を聞きに行こう」と会計事務所の担当者に紹介して貰い、法律事務所を訪問することにしました。

　……初めて訪問したあの日の衝撃・驚きを忘れることができません。

　その日は私一人ではなく会計事務所の担当者も付き添ってくださいま

した。

　窓のない重厚感のある会議室に通され、弁護士3人が連れ立って入ってきました。この時点で「え⁉ 3人も⁉」と驚きました。

　そして、会計事務所担当者から訪問した経緯を説明した後に1人の弁護士がこう言いました。

「破産事件ですね」

　その一言を聞いた瞬間に、私は「破産⁉ 事件⁉ え⁉」と動揺しました。そこから「負債」「債権者」「裁判所」「管財人が……」と、これまでテレビの中でしか聞いたことのない言葉を立て続けに耳にし、動揺が加速しました。

　今になって思うと裁判所が扱う案件は全て「事件」と言われ、裁判所・弁護士の間では日常的に使われている言葉なのです。

　普段皆さんがお仕事で使っている何気ない社内用語・業務上の言葉と同じ重さだと思って頂けるとイメージしやすいかもしれません。しかし、聞き慣れない私にとっては大きな衝撃を受けました。

　心の中で動揺する自分に「落ち着こう」と言い聞かせ、「破産手続きの費用と着手〜終結までの期間はどれくらいかかるのか」「想定されるスケジュール・処理・手続き」について言葉を振り絞り、質問しました。その回答を受けて驚きを隠せませんでした。

「費用は●●●万円」
「2024年3月中に着手して、終結は早ければ12月。2025年にかかるのではないか」

第2章　トラストリンク破産事件体験記

正直、「（金額・手続きの期間共に）え!? そんなに!?」と思いました。訪問しているのは3月14日です。「もう2025年の話ですか!?」と思いました。

法律事務所を訪問するまでは「いつまで事業を続ける猶予があるだろう」「どこまで頑張れるだろう」「銀行口座に残っているお金で足りるのだろうか」と考えていましたが、この回答を聞いた瞬間に**「もう猶予はない」「待ったなしで決断しなければいけない」**と頭の中が真っ白になりました。

あっという間に1時間強の時間が過ぎ、心の中では「手続きを始めなければいけない」と思いつつ、その日は回答せずに持ち帰ることにしました。

私にとって「合同会社トラストリンク」は、家族の反対を押し切って不退転の決意で立ち上げた会社です。野心や野望といった類のものはありませんが、思い入れのある会社です。

頭では「破産手続きをするしかない」と分かっていても、その場では受け入れることができませんでした。

破産手続きを決意した決め手

法律事務所を後にして落ち着いて考え、以下の3点が決め手となり、破産手続きを始める決意をしました。

①私は負債の連帯保証人になっていない
②新たな資金調達を画策しても短期間で事業が上向く見込みが低い
③残っている銀行残高で破産手続きに必要な費用を賄うことができる

①について、弊社が利用した融資制度はいずれも代表者の連帯保証が不要な融資制度でした。

一部、リース契約など連帯保証契約を結んだ契約もありましたが、受

け止めきれる（用意できる）金額でした。一番大きな負債の責任を負わなくても済む契約だったことが大きかったです。

　②について、人材紹介事業は入金までに時間を要するビジネスモデルです。しかし、経験があるからこそ急激に市況感が好転するとは思えませんでした。仮に追加融資を画策した場合であっても、代表者の連帯保証が必要になることが想定されました。

　一言でいうと
「傷が浅いうちに清算できる」
「今のタイミングなら私が負うダメージは少ない」
と判断したからです。

　初訪問から5日後、今度は私一人で法律事務所を訪問し、不安など正直な気持ちを聞いていただき破産手続きを開始する委任契約を結びました。
　そのときに弁護士から言われた言葉が今も耳に残っています。

「このタイミングで決断できるのは英断だと思います」

　当時の私にはその言葉の意味は理解できませんでした。
「英断!?　会社の存続という意味では機を逸してしまって他の手段を考えることができなかったのに英断と言えるのだろうか」とさえ思いました。
　そのときの私は、思い入れのある会社をたたむことへの悔しさ・情けなさを感じると同時に「もう資金繰りに悩まなくて良い」という安堵の気持ちが混ざった複雑な心境でした。
　これが破産手続き（合同会社トラストリンク破産事件）の始まり。想い入れのある会社との別れの始まりでした。

着手〜破産申立まで

第1章でも触れましたが弊社（私）にとって一番、労力がかかったのは着手〜破産申立までの時期です。

私は何かの手続きを行うときには、インターネットや書籍を活用し情報を調べます。

破産手続きについても何度も調べましたが、私が知りたい情報・不安を解消してくれるような情報を見つけることはできませんでした。そのため、申立代理人からの指示を受け、指示の内容を一つ一つ実施していくという日々が始まりました。

着手にあたり最初に申立代理人から言われたことは下記の2点でした。

・債権者への連絡は全て申立代理人が行う
・オフィスの退去はできる限り早く行う

序章でも解説したとおり、債権者への連絡を申立代理人が行うのは「申立人の保護」が目的です。債権者によっては破産手続きが始まることを知った際に、自分の債権を回収する為に直接連絡をしてきたり押しかけてきたりする場合があるそうです。

そういった事態から申立人を守るために、債権者への連絡は申立代理人を通して行います。

テレビドラマで「社長が債権者と直接話す・謝罪する」というシーンを目にしたことがあるかもしれませんが、実際にはそのようなことはできません。テレビドラマの演出が「破産」の暗いイメージに大きく影響を与えているのです。

弊社の場合、債権者に対して受任通知を4月5日に発送し6月6日に破産申立を行いました。2ヶ月間で破産申立を行ったことになります。法人の破産手続きにおいては「最速」といえる速さだったそうです。

　このような早い対応ができたポイントは、弊社の資産や負債が少なく調査・確認にあまり時間を要しなかったこと、裁判所へ説明しなければいけないような事柄（上申書の作成）がなかったからだと、終結後に申立代理人から聞きました。

　この時期に弊社で起きた印象的な出来事を見ていきましょう。

突然のオフィスの退去

　破産手続きに着手し、最初に取り組んだことはオフィスの退去です。

　3月14日の初回相談時から「オフィスの退去は早い方が良い」と言われていました。『会社が保有している資産（お金）を守る為に、1日も早くオフィスを明け渡したい（オフィス賃料を削減したい）』という理由からです。

　そのため、本来は受任後に債権者の確認の次に一斉に受任通知の送付を行うのですが、弊社の場合はオフィスの退去手続きだけは他の債権者よりも先に連絡を行いました。

　委任契約締結～オフィスを退去するまでのスケジュールは次の図の通りです。

【 オフィスを退去するまでのスケジュール（トラストリンクの場合）】

2024年3月19日　申立代理人と委任契約を締結

2024年3月27日　オフィスオーナー宛に受任通知を送付

2024年3月29日　申立代理人とオフィスオーナーの調整がスタート

2024年4月2日　契約上、2024年6月末退去となる旨の連絡を受ける
　　　　　　　　『残りの賃料と保証金を相殺する』など退去の条件を合意

2024年4月23日　オフィスにあった機材を運び出す（退去完了）

2024年4月30日　申立代理人を通しオフィスの鍵等をオフィスオーナーへ返却

　委任契約の締結（破産手続きの着手）を決めてから1ヶ月程度でオフィスを引き払ったので感傷に浸る時間はありませんでした。バタバタとあっという間に片づけ・引き上げたというのが正直な印象です。

オフィスを退去する時の注意点

　破産手続きのときだけでなくオフィスの移転時と同様ですが、レンタル機器（返却しなければいけない機器）の有無を入念に確認しましょう。

　弊社はあやうくレンタルしていた通信機器・タブレット端末を処分しそうになりました。

　弊社は私がオフィスを探し、内装工事の手配や什器の選定・購入を決めたので「買った物」「リースしている物」「レンタルしている物」を把握していましたが、それでも処分してしまいそうになりました。本当にギリギリで、オフィスから機材を運び出している時に気づくことができました。

　通信機器など普段は表に出てくることはなく、裏方として活躍してい

る機材の中にレンタルしている機器が紛れているかもしれません。

　機材の確認を行う際には、総務部門だけでなく通信機器やインフラ設備に精通している情報システム部門、各部門が使っている機材については部門ごとに担当者を任命しレンタル機器がないか調査を行いましょう。見つかったのであれば「いつ」・「誰が」・「どのように返却するのか」「返却までどのように保管するのか」を検討しましょう。

現金化せず廃棄・処分する機材とはどんなものか

　どのような物が現金化できるのか、判断に悩む方も多いのではないでしょうか。

　結論から申し上げると、ほとんどの物は現金化することは難しく、処分せざるを得ないケースが多いと考えてください。もちろん事業内容や保有している機材によって異なりますが、よほど貴重な物・高価な物でなければ管理部門や営業部門がオフィスで使用している物をお金に変えることは難しいです。

　なお弊社の場合、テレワークのために自宅で活用している機器とレンタル機器以外は全て廃棄しました。デスク・オフィスチェア・ロッカー類・シュレッダーや液晶モニター、デスクストップパソコンに至るまで何もかもです。

　処分する前にオフィスに置いてある機材の写真を撮り、申立代理人に確認してもらったところ「破産管財人に引き渡してもお金に変えることができない物」と判断されたからです。

経営者が連帯保証責任を負う場合の対応について

　一番大きな負債であった新型コロナウイルス感染症特別貸付の連帯保証人にはなっていませんでしたが、複合機のリース契約など一部、経営者として私が連帯保証人になっている契約がありました。

　弊社の破産に伴い、私が弁済する（負担する）金額が確定したのもこ

第2章　トラストリンク破産事件体験記　49

の時期です。

　私が弁済することになったのは、下記の2つです。

1. 複合機のリース費用（残っているリース期間分の費用）
2. 会社のホームページのサポート（メンテナンス）費用

　この2つの契約は「金融事業会社を通した分割払い（クレジット払い）」という形式でした。

　契約当初は「そんなものだろう」「よく耳にする契約・支払方法だ」と気にもしなかったのですが、今振り返るとこの形態の契約には注意しなければいけません。

　リース契約などでよく利用される支払方法ではありますが、高額な製品・サービスの購入にあたって「●回払い」というように少額で支払いができる制度です。一度に高額な支払いを請求されるのではなく、少額で済むため事業者としては活用しやすい支払制度です。

　この制度自体が問題ではなく、「製品・サービスと支払先が異なっている」ことに注意が必要です。そして、当然のように連帯保証人を求めるのも特徴です。

　弊社の場合、「会社のホームページのサポート（メンテナンス）費用」の契約先が金融事業会社であったことを申立代理人が気づかず、受任通知をホームページ制作会社（債権者ではない会社）に送付してしまいました。その結果、金融事業会社には「受任通知が送付されていない」という事態が起きました。

　その事実が分かってすぐに申立代理人が対応してくださったので大きな問題にはなりませんでしたが、契約内容・契約形態によっては分かりにくいケースがあるので注意してください。

なお、経営者が弁済する旨は申立代理人から金融事業会社へ伝えていただきました。そのときに金融事業会社のなかには「法人の代理人としての連絡」なのか、「経営者（個人）の代理人としての連絡」なのかを確認されたことがありました。
　弁済に関わる対応を申立代理人に依頼する際には「経営者個人としても弁護士事務所に依頼・契約する」必要性があるということを覚えておいてください。

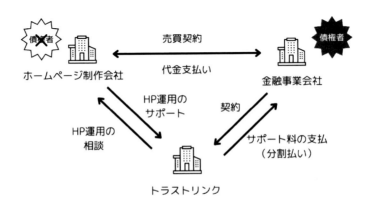

　余談ですがこのホームページのサポート（メンテナンス）費用の弁済にあたって、「減額できないか」という交渉を申立代理人が行ってくださいました。
　結果として、遅延損害金相当の金額（5,000円にも満たない金額）を免除していただけることになったのですが、郵便代・相談の為にかかった作業工数を鑑みると、申立代理人に対して申し訳ない気持ちになったことを覚えています。

また、リース契約していた複合機は、買取業者を申立代理人に紹介してもらいましたが、ビックリするくらいの安価（定価の1/100程度）で買い取られました。まだまだ使用頻度が少なく綺麗な状態の複合機でした。

　中古複合機の販売価格と比較しても驚くほどの差がありました。「処分・買い取りしか選択肢がない」ということは、買取業者から足元を見られているのだと悲しい気持ちになったことを覚えています。

ボディブローのようにジワジワと効いてくる郵便物

　着手から破産申立までの間に、私は思いもよらないストレスを抱えていました。それは、この時期に自宅に届く郵便物です。

　この時期には郵便で「引き落としができませんでした」「●月●日までに振り込んでください」「支払ってください」といった督促する書類が送られてくることがあります。

　前述したとおり、受任通知を受けた時点で、申立人へ支払・返済を督促することはできなくなります。しかし、受任通知を受ける前に発送された郵便物が、転送等を経て遅れて届くことがあるのです。

　弊社はオフィスを引き払った後、郵便物の転送先を私の自宅にしていましたので、当然自宅に送られてきました。破産手続きを着手した以上、できることは送られてくる書類を確認し、定期的に申立代理人に渡す事だけです。

　しかし、郵送物の中身を確認するたびに「迷惑をかけている」「支払えなく申し訳ない」という想いに苛まれ、情けなさ・悔しい気持ちがこみ上げてきました。

　当時の私は突然「破産」という事実を目の当たりにし、気持ちの整理もつかないままに破産手続きを進めていました。「破産した」という事実を受け入れることができていなかったのかもしれません。

「もう支払えない」と頭で分かっていても、ボディブローのようにジワ

ジワと効いてきました。

　転送されてくる郵便物を見るのがとても辛い時期がありました。

　この苦行から解放されるのは「破産手続きの開始決定」までです。破産手続きの開始が決定すると郵便物の転送先は破産管財人となります。申立人が郵便局で手続きを行わなくてもいつの間にか転送先が変わり、ある日突然、郵便物が届かなくなります。

開始決定〜終結まで

　2024年6月6日に破産申立を行い、6月26日に破産手続きの開始決定を受けました。破産手続きの着手から約3ヶ月が過ぎた頃のことです。

　弊社に直接連絡が来るわけではなく、官報に掲載されます。

　官報とは「国のお知らせ」のようなものです。法律や選挙など国の重要な事項が掲載される機関紙です。

　……どのように官報に掲載されるか、気になりませんか?

　それでは実際に掲載された官報の内容、発行された正本を見てみましょう。実際には破産管財人・裁判官・裁判所書記官の氏名が記載されていますが、本書では記載しておりません。

【官報の掲載内容】
令和6年（フ）第2499号
　大阪市淀川区西中島4丁目13番24号化原第3
　ビル8階
　債務者　合同会社トラストリンク
　代表者代表社員　山田　淳一
1　決定年月日時　令和6年6月26日午後3時
2　主文　債務者について破産手続を開始する。
3　破産管財人　弁護士
4　財産状況報告集会・廃止意見聴取・計算報告
　の期日　令和6年10月3日午後1時50分
　　　　　　　　大阪地方裁判所第6民事部

第2章　トラストリンク破産事件体験記　53

【発行された破産手続きの開始決定（正本）】

令和6年（フ）第2499号 破産事件

決　定

大阪市淀川区西中島4丁目13番24号荘原第3ビル8号室
債務者　合同会社トラストリンク
代表者代表社員　山田 淳

主　文

1　債務者合同会社トラストリンクについて破産手続を開始する。
2　破産管財人に次の者を選任する。

　　　弁護士　

3　財産状況報告集会・廃止意見聴取集会・計算報告集会の各期日を次のとおり定める。
　　　令和6年10月3日午後1時50分
4　破産管財人は、次の各行為については、与裁判所の許可を得ないでことを行うことができる。
　　1）自動車の任意売却
　　2）取戻権の承認
　　3）別除権の承認
　　4）有価証券の市場における時価での売却
5　破産管財人は、4の各行為について、少なくとも1か月に1回、財産目録及び収支計算書に記載し、破産管財人口座の通帳写しを添付して報告しなければならない。
6　破産管財人は、任務終了時に破産管財人口座を解約した後、すみやかに収支計算書及び破産管財人口座の通帳写しを裁判所に提出しなければならない。
7　信書の送達の事業を行う者に対し、破産者にあてた郵便物等を破産管財人に配達すべき旨を嘱託する。

理　由

　証拠によれば、債務者には破産法16条1項所定の破産手続開始原因となる事実があることが認められる。また、破産法30条1項各号に該当する事由があるとは認められない。
　よって、本件申立てには理由があるので主文第1項のとおり決定し、併せて破産法31条1項、2項、217条1項、135条2項、157条2項、78条3項2号、81条1項の規定に基づき、主文第2項から第7項のとおり決定する。
　令和6年6月26日午後3時
　大阪地方裁判所第6民事部
　　　裁判官

これは正本である。
　令和6年6月26日
　大阪地方裁判所第6民事部
　　　裁判所書記官

破産管財人との三者面談はどんな面談になるのか

　破産手続きの開始決定の前後に、破産管財人から面談の依頼を受けました。初めて法律事務所を訪問したときよりも、いくらか落ち着いて臨むことができましたが、「どんなことを聞かれるのか」「何をどこまで話したら良いのか」といった不安を抱き、敵なのか味方なのかもわからずに訪問したことを覚えています。

　実際に面会した破産管財人は、腰が低く丁寧なベテラン弁護士でした。

面談は1時間程度と聞いていたのですが、弊社の場合は30分ほどの短い時間で済みました。

　ここでも弊社の事件がシンプルだったので確認することがあまりなかったのでしょう。同席した申立代理人からは「事件によってはたくさん質問され、長時間の面談になることもあるんですよ」と教えていただきました。

債権者集会（財産状況報告集会・廃止意見聴取会・計算報告集会）

　2024年10月3日。債権者集会の日を迎えました。

　人生で初めて足を踏み入れる裁判所。「裁判所」と聞いただけで重苦しい印象がありませんか？

　事前に申立代理人から簡単な説明を聞いていましたがドキドキしながら大阪市北区にある大阪地方裁判所へ向かいました。

　……先に結論を申し上げると、正直なところ債権者集会に参加して拍子抜けしました。

「え!? こんな感じ？」「え!? これで終わり？」とここでも驚きの連続。あまりのあっけなさに裁判所を出た後に笑ってしまったほどです。

　入庁から債権者集会を終え、退庁するまでの流れは次の図のとおりです。

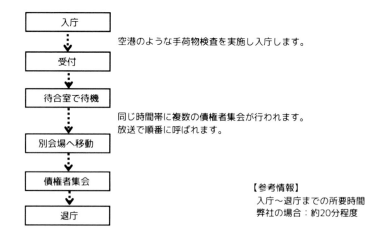

① 入庁

　大阪地方裁判所へ入庁するための手荷物検査を受けます。空港などで使われている金属探知機を使った検査です。

　余談ですが、弁護士は弁護士バッチを見せることで手荷物検査を受けずに入庁することができます。

② 受付

　受付の前に「本日の期日・集会等」という一覧が張り出されています。一覧に破産者名・通し番号が記載されているので番号を確認し受付へ向かいます。

③ 待合室で待機

　受付を済ませるとすぐ隣の待合室へ向かいます。同じ時間帯にたくさんの債権者集会が開催されるので、待合室には多くの人が集まっており、自分の事件が呼ばれるのを待っています。

待っている人を観察すると普段着の人・スーツの人などさまざま。普段着の人は申立人で、スーツを着ている人が申立代理人と破産管財人のように見えました。

なお、待合室の雰囲気はさながら病院の待合室のような雰囲気。横長の椅子が何列も並んでいて、放送で呼び出されたら別会場へ移動します。その風景は正に病院で医師に呼ばれ診察室へ向かうときのようでした。

④別会場へ移動

別会場へ移動して目にしたのは、広い会議室の中に簡易パーティションで区切られた複数のブースでした。

ブース内には長机と椅子が置かれており、順番に債権者集会が行われていました。てっきり情報管理がしっかりできる個室で行うのかと思ったら、声の大きさによっては隣の事件の話が聞こえてしまいそうなオープンな場所での集会だったのです。

⑤債権者集会

次に示した図のように、座る位置を指定され債権者集会が行われます。

弊社の場合は裁判官が話し始め5分と経たずに終了しました。裁判官以外は一言も発言しなかったように思います。

「メモすることがあるかもしれない」と考え手帳を手元に用意していましたが、メモをするようなことは1つもありませんでした。

【債権者集会での座り位置】

⑥退庁

債権者集会が終了すると、その足で退庁することができます。

入庁〜退庁までにかかった時間は弊社の場合でおおむね20分程度でした。もっと時間が掛かるものかと想像していたのですが、あまりの短さに拍子抜けしてしまいました。

他の債権者集会の様子を見ていると、どの事件も参加者は4名程度でした。申立人・申立代理人・破産管財人・裁判官の4名です。時間も5分〜10分程度で終わっている債権者集会ばかりでした。

それに対して弊社の債権者集会の参加者は8名という大所帯（笑）。なぜこんな大所帯になったかというと私以外に申立代理人として万和法律事務所の所属弁護士3名が勢揃い。破産管財人が司法修習生2人を勉強のために連れてきていました。その結果、私・申立代理人（3人）・破産管財人・司法修習生（2人）・裁判官という大所帯に（笑）。

着手から終結まで7ヶ月という小規模な破産事件だったのですが、周囲

からは「どんな大きな破産事件なのだろう」と思われていたことでしょう（笑）。

2024年3月から始めた破産手続きの終結

　債権者集会を終えた翌日、2024年10月4日。私は終結の連絡を申立代理人から受けました。

　ここでも発行された正本を見てみましょう。

　なお、実際には裁判官・裁判所書記官の氏名が記載されていますが、本書では記載しておりません。

　この廃止決定をもって破産手続きが廃止（終了）され、「合同会社トラストリンク」という法人は消滅しました。

【発行された破産手続きの廃止決定（正本）】

令和6年（フ）第2499号

決　　　定

大阪市淀川区西中島4丁目13番24号花原第3ビル8階

破産者　合同会社トラストリンク

主　　　文

本件破産手続を廃止する。

理　　　由

破産財団をもって破産手続の費用を支弁するのに不足すると認める。

令和6年10月4日

大阪地方裁判所第6民事部

裁　判　官

これは正本である。

令和6年10月4日

大阪地方裁判所第6民事部

裁判所書記官

破産手続きの後日談

　破産手続きが終結し、トラストリンクにまったく関わることがなくなったかというと、実はそうではありませんでした。

　終結後に思いもよらない事件が2つ起きました。

誰にも引き出せない銀行口座の誕生事件

　破産手続きの開始決定後、私には1つの疑問がありました。あるネット銀行からのお知らせメールが配信され続けていたのです。

　てっきり破産手続きが進むことで、銀行からのメールが届かなくなると思っていたのですが、いつまでたってもメールの配信が止まりません。「なぜ止まらないのだろう」と不思議に思っていました。

　そこで債権者集会の前に申立代理人に相談しました。

　私は「口座が解約されていない」「処理が漏れている」ということを一番心配していたのです。

　申立代理人との相談の結果、破産管財人の仕事を信じしばらく様子を見ることになりました。メールの配信は口座情報とは別になっているケースがあり、破産管財人の解約手続きとは別にメールの配信停止手続きが必要になることもあるそうです。破産手続きの終結後もメールの配信が続くようであれば、直接ネット銀行へ連絡をすることになりました。

　しかし、破産手続きが終結したにもかかわらず、メールの配信は止まりませんでした。そこで私がネット銀行へ電話したところ驚きの回答を耳にしました。

第2章　トラストリンク破産事件体験記 | 61

ネット銀行のオペレーター**「私どもにはトラストリンク社が破産した・口座を解約するという連絡は入っておりません」**

　私は「えぇぇ!?」と驚きました。

　実は申立代理人に相談したときにネット銀行のインターネットサイトにログインを試みたのですが、そのときはログインできませんでした。ログインができなかったこともあり「解約されているはず」と思ったのです。

　しかし、オペレーターとの電話を終えて、再度ログインを試みると、なんとログインできてしまいました。しかも 1,000 円にも満たない金額ですが、口座にお金が残っていたのです。慌てて申立代理人に連絡を取り、破産管財人に確認してもらったところさらに驚きの回答がありました。

破産管財人**「預金返還請求権を破棄しました」**

　預金返還請求権とは、「預金者が預金を取り戻すための請求権」です。言い換えると銀行口座にあるお金を引き出す権利といえるでしょう。私たちは知らず知らずのうちにこの権利を行使しているのです。

　破産管財人はこの権利を「破棄した」ということです。

　申立代理人からは「必要な手続きを行っているので法的には問題ありません。メールは届かない設定を行ってください。口座はそのまま放置しておけば良いです」と言われました。

　初めて耳にする権利、「口座を解約していない」という事実を受け入れることで精いっぱいで、何が起きているのか理解できませんでした。

　しかし、申立代理人から「法的には問題ありません」と言われるとそれ以上の話をすることもできず「分かりました」と言うしかありませんでした。突然、こんなことを言われるとモヤモヤしませんか？

冷静になって考えてみてもやはり私には不思議でなりません。

「どうして解約しなかった？」
「ネット銀行だからお金を引き出すのが手間だったのか？」

今さら何ができるわけではないのですが状況を整理してみました。

・まず銀行口座は解約されていません。破産した情報も銀行には入っていません。今後もネット銀行には口座が残り続けるということです。10年が経過すれば休眠預金という扱いになるということでしょうか。
・預金返還請求権を破棄しているので、お金を引き出すことはできません。
・お知らせメールは配信され続けます。アカウント情報の変更はできるため、メール配信の設定を変更しました。しかし、口座が残っている以上、配信を完全に停止することはできませんでした。今後、私が口座を管理することもできないので、配信されるメールを受信し続けるか、普段あまり使っていないメールアドレスに登録を変更するかのいずれかを検討しなければいけません。

　申立代理人からは「銀行口座は解約することが多いので預金返還請求権を放棄されるケースは少ないです」と言われましたが、目の前で起きている事実に変わりはありません。
　預金者（トラストリンク）が存在しない以上、誰もお金を引き出すことができない銀行口座の誕生です（笑）。

第2章　トラストリンク破産事件体験記 63

【銀行口座を解約した場合】
口座の解約に伴い、入出金・メールの配信など全てが止まる

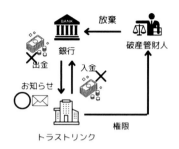
【トラストリンクの場合】
口座は残っているが放棄した為、入出金共にできない。メールのみ配信される。

　破産管財人は法律に則って処理されたのかもしれませんが、不思議な処理をされたと私は感じています。
　どうして「解約」ではなく「破棄」を選んだのか。
　預金者（トラストリンク）が消滅し私も経営者の立場ではないので銀行口座を管理することはできません。今となっては処理の真意を聞くことはできませんが、「受け入れるしかない」と言い聞かせています。

帰ってきた郵便物の転送事件

　破産手続きの終結から3週間ほど経ったある日、私の下に1通のハガキが届きました。前述したネット銀行からのハガキが転送されてきました。
　私は「久しぶりに郵便物が転送されてきた。なんでだろう？」と驚きました。郵便物の転送先は破産手続きの開始決定と同時に破産管財人に変わっているからです。

申立代理人に「破産手続きが終結すると破産管財人への転送設定は解除されるのか」を確認したところ、当然「解除されます」との回答がきました。

　郵便局にも確認してみたのですが、電話窓口では破産管財人の処理が分からないため、詳細を紐解くことはできませんでした。

　しかし、状況からみると破産管財人への転送が解除された為に転送先住所として情報が残っていた私の自宅に送られてきたようです。ここで、さらに残念なことが分かりました。

「転送設定は解除できない（停止できない）」

　郵便局で行う転送設定は引っ越しの度に何度も行うことができます。仮に引越から2ヶ月程度で再度、引っ越すことになっても変更することができます。

　しかし、「転送を止める」ことはできないそうで申込日から1年間転送され続けるそうです。心の中で「なぜ止められなんだー」と叫びたくなりました。

　頻度は少ないはずですが転送設定が解除されるその日まで、転送を受け続けることになりました（笑）。

　前述の銀行口座の件と同様に、郵便物の転送もレアケースだと思われます。

　私の推測の域を出ないのですが、多くの破産手続きは着手から終結までに1年以上の期間を必要とします。破産手続きが終結する頃には郵便の転送期間が終了していることが多いはずです。そうなると今回のようなことは起きません。

　弊社の破産手続きが7ヶ月という早さで終了したために発生した事件と言えます（笑）。

第2章　トラストリンク破産事件体験記 | 65

早く終結することができて喜んでいましたが、まさかこんな事件が起きるとは知る由もありませんでした。

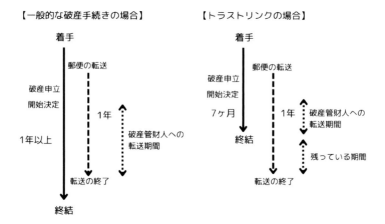

第3章 破産手続きから学んだこと

本章では破産手続きから「企業経営」と「破産手続き」という2つの観点で私が学んだことを記します。

企業経営において学んだ3つのこと

1. 資金調達を行う時には慎重に手段を選ぶべし

　起業家や経営者にとって、資金は生命線と言えるでしょう。

　限られた資金を有効活用し、事業を拡大していくためには、戦略的な資金管理・調達が不可欠です。お金がないと何もできません。

　私は破産手続きを経て、改めて「資金調達」の重要性、難しさを学びました。

　これまでは、起業するとなれば銀行の融資を活用することが当たり前だったかもしれません。しかし、銀行の融資以外にもVCからの調達、クラウドファンディングの活用など調達できる金額・難易度は異なりますが、資金調達の手段の裾野が広がっています。

　資金調達を行う際にはそれぞれの経験者に話を聞き、メリット・デメリットだけでなく、調達した後のことを聞いてみることをおすすめいたします。

　おそらく「調達する・利用するにはどうしたら良いか」という情報が中心になると思いますが、返済の有無・万が一の時にはどのような処理が必要になるのかまで聞くことができると安心して検討することができます。

2. 連帯保証契約を結ばない・連帯保証人にならない

　私が自己破産せずに済んだのは、連帯保証契約を結んでいなかったこ

とが大きいです。

　経営者は契約の場面で、連帯保証を求められることを経験されていることと思います。経営者の身を守るために、連帯保証契約は結ばないことが最善の方法です。

　リスクを取ることで事業が大きく成長する可能性を秘めていることは私も理解しています。連帯保証契約を結ばなければいけないときは「本当に必要な契約だろうか」と冷静に見て頂きたいと思います。

3. 弁護士との繋がりを作り、相談できる関係・相談先を確保する

　なかなか繋がりを作る機会は少ないかもしれませんが、ぜひ積極的に弁護士との繋がり・親交を深めてください。

　弊社は他社の破産事件と比べると早いタイミングで破産を決断しましたが、「経営再建」という意味では機を逸してしまいました。相談に行ったときにはもう「破産」しか選択肢がありませんでした。

　日頃から相談できる弁護士が身近にいたら「もっと早いタイミングで手を打ち、トラストリンクを存続させられたかもしれない」という思いが拭えません。

　「破産・廃業に備える」という意味だけではなく、取引先との問題や労働者との問題など、その他の場面でも弁護士の知見が必要になる場合がたくさんあるはずです。

　ぜひ弁護士との繋がりを作って親交を深めてください。きっと経営においても良い繋がりになります。

第3章　破産手続きから学んだこと　69

経営者がリスクを負わず経営するために注意すべきこと

　これまでも触れてきましたが法人が破産したとき、経営者も同時に自己破産するケースが多いです。

　それではなぜ私は自己破産せずに済んだのか。改めて振り返ってみるとみなさんにお伝えしたいポイントが2つあります。

1. 「連帯保証契約」を結んでいなかった

　弊社が活用した新創業融資制度、新型コロナウイルス感染症特別貸付（いわゆるコロナ融資）のいずれの制度も、経営者の連帯保証契約を必要としない融資制度でした。

　もし経営者の連帯保証が必要な制度であれば、弊社は活用していなかったかもしれません。

2. 「自己破産するリスクを負わない」と心に決めていた

　融資以外の契約で連帯保証契約を結んでしまっていましたが、創業当初から「自己破産するリスクを負わない」と強く心に決めていました。

　そのため、経営判断におけるリスクの負い方に一定の制限を設けることができ、冷静に資金管理ができていたと感じています。

　高い志を持ち挑戦していると、現実よりも理想を追い求めてしまい視野が狭くなってしまうかもしれません。また、真面目で責任感が強いと「取引先に迷惑を掛けられない」と必要以上に抱え込んでしまうかもしれません。いずれの場合も冷静に物事・状況を見られなくなってしまって

いるのです。

　私は帳簿上の数字だけを信じて管理・意思決定をしてきました。今になって思うと「自己破産するリスクを負わない」と決めていたことが、傷が浅いタイミングで「破産する」という決断に繋がったとはっきりと言えます。

　弊社のように小規模な事業者の場合、「法人＝経営者」となり経営者の頑張りがそのまま業績に反映されることは少なくありません。

　それは同時に「経営者がリスクを負えば何でもできてしまう」ということでもあります。極端な例としては、運転資金を捻出するために、経営者が個人名義で金融機関から借り入れを行い、運転資金を工面するような事例も耳にします。

　ここまで踏み込んでしまうと自転車操業の始まり。法人の破産だけでなく経営者自身の自己破産も必要となるケースが多いようです。

「経営者たるもの法人と一心同体」という価値観をお持ちの方もいらっしゃるかもしれませんが、「法人」「個人」を分けて考えることができるのであれば、責任の負い方も「法人」「個人」で分けて考える方が合理的ではないでしょうか。

　法人は破産すれば「消滅」しますが、経営者個人は自己破産した後も生活は続きます。生きていかなければいけないのです。

「経営者個人を守る」という意味で「法人」と「個人」を分けていたことが、私個人が自己破産せずに済んだポイントです。

破産手続きにおける私の反省点

　7ヶ月間におよぶ破産手続きを振り返って「あのとき、もっとこうしていれば良かったな」と反省することばかりです。

　もちろん恥ずかしい気持ちもありますが、せっかくなので皆様と共有させていただきます。皆様に「こんな風にはならないようにしよう」と笑って頂けるのであれば幸いです。

　弊社の場合、破産管財人との接点が少なかったので、申立人・申立代理人とのことを中心に書かせていただきます。「当たり前」とお感じになることも含まれているかもしれませんが、敢えて書かせていただきます。

1. 申立人―申立代理人の信頼関係の構築

　普段からお世話になっている弁護士に申立代理人を務めてもらうのであれば良いですが、紹介などで初対面の弁護士に申立代理人を依頼することもあるでしょう（弊社がそうでした）。

　ぜひ早いタイミングで信頼関係を構築していただきたいです。

　弊社の場合、初回と2回目の面談以降、お目にかかってお話する機会はほとんどありませんでした。LINEでのメッセージが中心で時折、電話で話す程度。関係性ができて話しやすくなったと感じたのは、債権者集会を目の前にした時期でした。破産手続きとしては終了間際でした。

　破産手続きの初期の段階に関係性を作ることができていれば、もっと私の希望を汲み取った破産手続きにできていたかもしれません。

2. 申立人―申立代理人の「当たり前」をすり合わせる

　日々、法律に携わり破産事件だけでなくたくさんの依頼・相談を受けている弁護士（申立代理人）と、法律の素人である経営者（申立人）の間には大きな溝があります。

　申立代理人にとって「当たり前」と思っていることも申立人にとっては「当たり前」ではないかもしれません。破産手続きを着手するにあたって、ぜひ早いタイミングで「当たり前」のすり合わせを行ってください。

「当たり前のすり合わせ」ができていなかったために起きた弊社の事例があります。私と申立代理人の間で意思決定の権限の認識が異なっていて、「社会保険の資格喪失日」がスムーズに決まらなかったことです。

　私は「破産手続きを着手した（委任契約を締結した）からには、私に決定権はなく申立代理人に権限が移っている」と思い込んでいました。お恥ずかしい話ですが「委任契約」を正しく理解できていなかったのです。受け身になってしまい申立代理人の指示に従うだけになっていました。

　しかし、実際の決定権を私（経営者）が持っていたにもかかわらず、そのことを理解していなかったため、申立代理人との会話が噛み合わず、いつまでたっても社会保険の資格喪失日が決まりませんでした。

　私は「誰が決めるんだろう」とさえ思っていました。

　申立代理人は「会社の代表者の権限を譲り受ける」ことはなく、あくまで「代理」だったのです。このすれ違いが起きていたことが分かったのは、破産手続きの終結後のことです。

　早いタイミングで決定権に関する意識合わせができていれば、もっとスムーズに処理できたはずです。

第3章　破産手続きから学んだこと　73

3. 破産手続きを行う上での申立人（経営者）の心構え

「申立代理人（弁護士）に任せておけば良い」

　と考えている方がいらっしゃったら、今すぐに考えを改めてください。

　申立代理人を信頼することは大切ですが、申立代理人に任せっきりにしておくと思いもよらないことが起きたり、手続きが進まないことがあるかもしれません。

　特に従業員への対応や資産の取り扱いなど、きめ細やかな対応・申立人の希望を叶えるためには主体的に関わる必要があります。

　数多くの破産手続きを担当してきた申立代理人であっても、会社経営・社会保険・会計など専門としていない分野については頼ることができません。それぞれの分野の専門家の力を結集する必要がありますが、その指揮を執るのは申立人（経営者）でなければいけません。

　資産の取り扱いについても、申立人の要望が適切に破産管財人に伝わり希望通りに処理されるかは申立人が目を光らせておかなければいけません。主体的に関わることで、申立人の希望を汲み取った破産手続きを実現することができるのです。

4. 申立代理人・破産管財人からの依頼に対して迅速かつ丁寧に

　当たり前のことですが、申立代理人・破産管財人からの質問・依頼には迅速かつ丁寧に対応しましょう。質問・依頼に対する対応の遅れは、申立の遅れや破産手続き全体の遅れに繋がります。

　手間が掛かることもあるかもしれませんが、代理人・破産管財人と相談しながら可能な限りのスピードで対応してください。

5. 申立代理人・破産管財人からの返答は焦らずゆっくり待ちましょう

　正直に申し上げて、一つ一つの処理・対応に対する申立代理人・破産管財人の返答は遅いです。債権調査における金融機関の返答も遅いです。

　顧客とのコミュニケーションのスピードは業界によって様々ですが、サービス業界の営業職を経験している私からすると、返事が返ってこないことにヤキモキしたことは一度や二度ではありません。

　途中から「すぐには返事が来ない」と諦めてからは気持ちが楽になりました。先ほどは「迅速に対応しましょう」と言いつつ、相手方の対応の遅さには「諦める」と矛盾するようなことを申し上げており大変心苦しいのですが……。

　裁判所の対応や申立代理人・破産管財人からの返答のスピードが速まることを願っております。

6. 印鑑が必要な手続きこそ最優先に行いましょう

　着手〜破産申立ての期間でうっかり忘れがちなのが印鑑の所在です。

　破産手続きを着手すると、法人の印鑑は申立代理人に預けなければいけません。しかし、「いざ何かの手続きをしよう」と思った時に印鑑が手元にないと手続きができません。届出等を提出できなくなってしまいます。

　そんなことにならないために、まず申立人が対応しなければいけない手続きを全て洗い出し、印鑑が必要な書類の有無を確認することから始めましょう。

　そして、申立代理人と印鑑の引き渡しのタイミングを相談することをおすすめいたします。

　大切なのは印鑑を申立代理人に預ける趣旨を理解することができてい

るかどうかです。印鑑は必ず預けなければいけませんが、破産手続きの
着手と同時に預けなければいけないというわけではありません。
　事業の停止・法人をたたむために必要であれば、申立代理人も相談に
応じてくれるはずです。

弊社の申立代理人から経営者の方へのお願い

　本書の執筆にあたり、弊社の申立代理人を務めて下さった万和法律事務所さんにお話をうかがいました。

　経営者の皆様に万が一に備えて日頃からご注意いただきたいこと、実際に破産手続きを行ううえでお願いしたいことがあるとのことで、ここにまとめさせていただきます。

1. 資料を保管しておいてください

　破産手続きにおいては、客観的な情報が必要です。契約書や各種帳票、議事録や報告書といった物がとても重要な資料となります。

　小さなメモまで残す必要はありませんが、事業の意思決定・契約の締結に纏わる記録は**2〜3年程度保管**しておきましょう。少なくとも**直近1年間の資料は必ず確認される**ので保管しておいてください。

2. 早い時期（タイミング）に法律事務所と相談を行ってください

「もしかして」「万が一」と思ったタイミングで一度、法律事務所へ相談することをおすすめします。早いタイミングから備えることで、資産を残すことを検討できたり、異なった経営再建の道が見えてくることもあります。

　相談する時期が遅くなればなるほど、不利な状況・苦しい状況になってしまう可能性が高まります。早め早めの対応が従業員の皆様を、経営

第3章　破産手続きから学んだこと　77

者自身を守ることに繋がります。

3. 申立代理人・破産管財人に嘘をついたり隠し事をしないでください

　申立代理人・破産管財人に対して**嘘・隠し事は厳禁**です。特に申立代理人は申立人に寄り添い、申立人にとって有利に破産手続きが進むよう尽力してくれる申立人の味方です。隠したいこと、後ろめたいことがあっても包み隠さず話してください。きっと申立代理人はそういったあなたの気持ち・想いを受け止めて対策を練ってくれるはずです。

　万が一、申立代理人に隠していたことを破産管財人の手で暴かれてしまったときには、必要以上に追求・詮索されてしまうかもしれません。そうなってしまうと申立代理人もフォローすることは難しくなってしまいます。

　法律に則りながらも希望に添った破産手続きを実現するには、申立代理人の協力を得て丁寧に破産手続きを行う必要があります。

5

終章　破産手続きを終えてあなたに伝えたいこと

最後の本章では、破産手続きを終えた私が感じていることを記します。そして本書を読んでくださっているあなたにメッセージをお送りします。

破産手続きを終えて感じていること

　申立人（当事者）として破産手続きを終え感じているのは、「破産」という言葉の本来の意味と多くの人が抱いているイメージが大きく異なっているということです。

「破産」と聞いて多くの人が持つイメージは、暗く重苦しいイメージではないでしょうか。「債権を整理する」「オフィスなどの事業所・想い入れのある場所を手放す」「返済・支払ができず債権者（取引先）に迷惑をかける」という意味では、暗くネガティブなイメージが付きまとうのは事実です。

　しかし、同時に「再生」「再出発の第一歩」という見方ができることも知っておいてください。

　本来の「破産」とは「破産手続きを開始した時点で申立人の全ての資産を計算し、債権者に対して平等に配当する。弁済しきれない債権は免責する」ことです。

　破産してから取り立てる・回収することではありません。法律用語の難しさと、多くの人が経験しない手続きであること。テレビで目にするドラマの演出などの影響が根強く、本来の意味とは異なったイメージが浸透していると感じています。

　私は破産手続きを進めていく中で、着手した当初は暗く・重い気持ちを抱えたまま処理を行っていました。「この先どんな手続きが必要なのだろうか」「何が起きるのだろうか」という先の見えない手続きの道のり、不安によるものが大きかったです。

　しかし、手続きが進み破産申立を行う頃には重い気持ちは軽くなり、

前向きな気持ちに変わり始めていました。そして破産手続きが終結する頃には、ゴールが見えた安心感や解放感から明るい気持ちになっていました。

　確かに言葉は重く苦しいイメージなのですが、手続きが進んでいくうちに当事者にとっては暗い気持ちから明るい気持ちへと変化していきます。

　また、手続きを進めていく過程で「合同会社トラストリンク」という法人と、「山田淳一」という個人がはっきりと切り離されていくような印象を持ちました。

「何を当たり前のことを言っているのだろう」と思われてしまうかもしれませんが、弊社のような小規模事業者は「法人＝経営者」といっても過言ではないくらい密接な関係です。

　ともすれば法人を使っていかに経営者個人が利益を享受するかを追求している経営者もいるかもしれません。経営のやり方によっては、法人と個人が混同してしまうこともあるでしょう。

　破産手続きは「混同している物を整理し引き離す作業」とも言えるのです。私自身が自己破産せずに済んだからこそ、感じていることかもしれません。

　破産手続きを終えてスッキリした気持ちになれているかと言うと、まだまだスッキリすることはできていません。前述の後日談のようなことがなければ、もう少しスッキリできていたかもしれませんが……。

　破産手続きを終えた今、私が気になっているのは「破産管財人がどんな処理を行ったか分からない」ということです。

「合同会社トラストリンク」という法人がどのような最期を迎えたのか。大まかには分かっているのですが、詳細までは知る術がありません。

　破産管財人の報告は裁判所への報告であり、申立人への報告ではない

からです。私が分かっているのは「破産手続きを行い、調査の結果、配当は行わないと決まった」という事実です。

「想い入れのある会社の最後」としてはあっけないと思いませんか？

破産管財人が裁判所へどのような報告を行ったのか、破産管財人の立場・権限でどのような処理を行ったのか申立人に詳細な情報は開示されません。申立代理人にすら報告されないようです。

債権者集会のときにも裁判官からは説明がありませんでした。5分程度の債権者集会で、私の耳に残っているのは「配当はしません」という一言だけです。

前述の銀行口座事件のように代理人を通して連絡を取ることで、処理内容を開示してもらうことはできるのですが、全容が分かるわけではありません。

そんなことに興味を示すのは私だけでしょうか。破産手続きが終結した以上、「知る必要のない情報」なのかもしれませんが、「自分が0から立ち上げた会社の最後」に想いを馳せてしまいます。

また、終結から1ヶ月も経たずに前述のような事件に直面した立場としては「どんな処理を行ったのか」は気になってしまいます（笑）。

次は何が起きるのだろう……。これ以上は何も起こらないことを願います（笑）。

破産手続きを経験した者として伝えたいメッセージ

当事者として破産手続きと向き合っている人へ

　偉そうなことを申し上げる立場にはありませんが、経験者として一言述べさせていただきます。

　あなたは一人ではありません。
　一緒に伴走してくれている申立代理人がいます。

　破産手続きは分かりにくいことが多いと思います。法人・経営者ごとに特有のことがあるはずです。

　手続きを進めていく上で不思議に思うことや分からないことはどんどん申立代理人に質問してください。感じたことを話してください。きっとあなたの気持ち・状況・負担を理解し力になってくれるはずです。

　分からないこと、不安に感じていることをあなたの中に留めておくことが一番良くありません。言葉にしてあなたの中から出してください。

　私のように一人で我慢して、抱え込まないでください。とても辛いです。そんなあなたを見ている周囲の人もきっと辛く感じていると思います。不安な気持ちを話していいのです。

　私は気持ちの浮き沈みがあった時期に、申立代理人から送られてくるLINEにイラっとしたことがありました。味方であるはずの申立代理人と軽くぶつかりかけてしまったのです。

終章　破産手続きを終えてあなたに伝えたいこと　83

思い切って正直に気持ちを伝えたら、私の意向を汲んで負担を軽くするように調整してくれました。もちろん調整していただいた直後には謝りましたが（笑）。

　「明けない夜はない」という言葉の通り、終わらない手続きはありません。申立人にとって破産手続きの大きな山場は破産申立までです。そこさえ超えてしまえば、申立人にかかる負担は軽くなるはずです。申立代理人の力を借りながら、まずは破産申し立てを目指して取り組んでください。

　もし手続きの全体像が掴めずにお困りであれば、本書を使って破産手続きの全体像をイメージしてください。そのために本書を書きました。また、私の四苦八苦したエピソードを笑っていただき、ぜひ反面教師にしてください（笑）。

　そして、あなたの進む道・やりたいことは将来、必ず実現できます。破産手続きの渦中にいる時や終結した直後には何もやる気が起きなかったり、燃え尽きてしまったように感じる時があるかもしれません。そんなときは焦らずにできることだけで十分です。
　いつか必ず自分の力で立ち上がる瞬間がやってきます。
　なぜならあなたは多くの人が踏み出せない「独立」という一歩を踏み出すことができた実績があるからです。
　この一歩を踏み出すことができたのであれば、必ずもう一度立ち上がるとき、ご自身の力で前に進むときがやってきます。そのときまでは休息を取ることも大切です。

　本書がきっかけとなり、スムーズに・心穏やかに破産手続きが進むこと。ご自身の可能性を信じ次のチャレンジに向かって歩み始めていただ

けることを願っております。

資金調達（特に融資）を考えている人へ

　本書を手に取ってくださっているタイミングに、融資を使った資金調達を検討されている方にお伝えしたいです。

　慎重に検討してください。

　契約内容が連帯保証責任を必要としない内容であっても、万が一の場合は半年〜1年以上の期間、破産手続きと向き合うことになるかもしれません。

「融資を使ってはいけない」「リスクをとってはいけない」とは言いません。融資を活用しリスクを取ることで事業の大きな成長・飛躍が望めることは私も承知しています。

　リスクを取るときに、最初から最後までリスクを正しく理解して負っていただきたい。法人をたたむときの事を知ってください。そのために本書を書きました。

　仮に私がもう一度事業を起こすとしたら、融資を活用するかどうか分かりません。正直、どんな形であれお金を借りるのはもうコリゴリです。

　連帯保証責任を負わなかったとしても、手続きでこれだけの時間・手間を必要とするのであれば利用するかわかりません。

　国や銀行は融資の門戸を広げようとしていますが、万が一のときのことまでは教えてくれません（当たり前のことだと思いますが）。最後は経営者の自己責任・力量です。

　失敗した時のことを計画に含める必要はありませんが、頭の片隅においてご検討頂けると嬉しいです。

　本書をきっかけに融資・資金調達の活用方法に向き合っていただける

終章　破産手続きを終えてあなたに伝えたいこと　85

と嬉しく思います。

身近な人が破産手続きに臨んでいる人へ

　もしあなたの身近な人が破産手続きに臨んでいるようであれば、**そっと見守ってあげてください**。きっと一人で歯を食いしばって立ち向かっていることでしょう。

　「手を差し伸べたい」と思ったとしても、本人が頼ってくるまで待ってあげてください。そして、頼ってきたときには**アドバイスよりもただ話を聞いてください**。きっとそれだけでその方の心の負担は軽くなると思います。

　周囲の人に相談できるかは個人差があります。本人のキャラクター・好むサポート・コミュニケーションスタイルによって異なりますが、ニコニコしながら弱音を吐かないタイプには、そっと見守っていただくことをおすすめいたします。

　もしあなたから声を掛けたいと考えていらっしゃるのであれば「専門的なことはアドバイスできないけど話を聞くことはできるよ」と声をかけてみてはいかがでしょうか。「話して良いんだ」「聞いて貰えるんだ」と理解したときにこぼれ出てくるかもしれません。

　私が破産手続きと向き合っている時に、辛かったことは「誰とも共有できない」「誰にも弱音を吐けない」ということでした。

　当たり前ですが周囲に破産手続きの経験者は一人もおらず、相談すると相手にまでネガティブなイメージを与えてしまいかねない話題です。周囲に余計な心配を掛けまいとグッと我慢していました。

　今振り返ると、辛いときに気持ちを吐露させてもらって、ただ話を聞いてもらうだけで私の気持ちは楽になったように思います。

もしその方が話を聞いて欲しそうな素振りを見せた時には、耳を傾けて話を聞いてあげてください。きっとギリギリまで頑張って溢れ出てきたのだと思います。

　私のような頑固者の場合は、最後の最後まで言い出さないかもしれません。そんな人の場合は破産手続きが終結した時に肩をトントンと叩いて労ってあげてください。

　ありがたいことに私の周りには心配してくださる方が何人もいました。ですが、その方々も破産手続きの詳細を知っているわけではないので、どう触れて良いのか分からない。どんな言葉を掛けたら良いか分からないといった素振りでした。

　多くの方が破産手続きのイメージから「大変だけど頑張れ」「良い経験をしたと思って次を頑張ろう」という言葉を掛けて下さったのですが、正直あまり響きませんでした（笑）。なぜならば、私にとっては「大変な手続き」と思っていなかったからです。また「良い経験」とも思えなかったからです。私が「大変な手続きだ」と言ってしまうと、どこか破産手続きのことを他人事のように見ている印象を受けます。申立人として手続き・作業を行うことができるのは私一人でした。私が動かなければ手続きは前に進まないのです。私には「大変だ」と言っている余裕はありませんでした。

　破産手続きの渦中において「良い経験」と思うことは難しいです。5年・10年経って「トラストリンクが破産したことは良い経験になった」と感じることはあるかもしれません。しかし、破産手続きを進めている真っ只中においては良い経験も悪い経験もありません（笑）。ただ思い入れのある会社が破産（倒産）したというくやしさを感じていました。

　もし身近な人が破産手続きと向き合っているようでしたら、この2つの言葉は使わないでいただきたいです。私の場合は愛想笑いをすることしかできませんでした。

終章　破産手続きを終えてあなたに伝えたいこと｜87

「ただそばにいてこぼれ出る言葉を受け止めてくれる」「話を聞いて貰える」。きっとそれだけでその人にとって安心感を与え、心強く感じることでしょう。

　本書がきっかけとなり破産手続きと向き合っている方への接し方の参考になれば嬉しく思います。

破産を経験した者としての願い

　破産手続きを終えて強く思っていることがあります。それは「破産した」ということを色眼鏡で見ないでいただきたいということです。

　とても難しいことをお願いしていることはわかっています。破産手続きを決意した直後の私自身も色眼鏡で見てしまっていたと後になって気づいたのですが、どこか破産したことを「言わない方が良い」「触れない方が良い」という風潮があるように感じています。

　もちろん取り扱いに注意しなければいけない情報です。気軽に発信・拡散してよい情報ではありませんが、どこか日本には破産した人に対する偏見やネガティブなイメージが付きまとう印象を持っています。

　当初の私自身もそのイメージを持っており、破産手続きが終結するまでSNSなどで公表するか悩み続けていました。手続きが終結してから公表したときには、とてもスッキリしたことを覚えています。

　どうして「言わない方が良い」「触れない方が良い」という風潮があるのでしょうか。私は正しい破産手続きの情報ではなく、娯楽・ドラマとして演出されている破産のイメージが根強く残っているからではないと考えています。

　同時にそのイメージは経営者が再チャレンジする時の偏見。「破産した人だ」「失敗した人だ」というレッテルに繋がり、経営者の再チャレンジを妨げているのではないでしょうか。

　少子高齢化に伴い労働人口が加速度的に減少している日本において、新規事業・新しい会社の創出は必要不可欠です。そのチャレンジを担おうとしている貴重な経営経験者から「失敗した人だ」というイメージだ

終章　破産手続きを終えてあなたに伝えたいこと　89

けでチャンスを奪うようなことはないでしょうか。

　将来の日本の発展・成長の為にも破産した経営者が再起を図るときには、社会全体で応援できる世界になって欲しいと感じています。

6

おわりに

実は本書の執筆が決まる前に弊社の破産手続きのことや手続きの渦中に起きたこと、執筆を考えていることを何人かの知人に話したことがあります。相手を変えて何組にも話してみました。そうすると面白い具合に聞き手の属性によってリアクションが異なっていました。みんな口を揃えたかのように同じことを言うのです。

　独立し従業員を雇用している経営者からは「そんなことがあるの？もっと詳しく聞かせて欲しい」と言われました。
　きっと「明日の我が身」と危機感を抱かれ詳細に興味をもたれたのでしょう。

　また、独立して半年も経たない経営者からは「そんなことに興味はない。立ち上げたばかりなので破産しない方法を知りたい」と言われました。
　将来のことではなく目先の売上・実績のことに集中している感じでした。夢と希望・野心に溢れ、前だけを見て邁進しているのでしょう。

　最後に経営者ではなく会社員の立場の人からは「そんな話には全く興味がない」と、自分とは違う世界の話題のようにズバッと言われました。
　会社員の立場からしたら当然のことですよね。それぞれに立場によって受け止め方が大きく変わるのだとわかり、本書のターゲット・本書を届けたい相手が明確になった瞬間でした。
　そして執筆を始めてから、経営者だけでなく幅広い方に届けたい・知っていただきたいと考えるようになりました。

「明日、会社が倒産するかもしれない」経営者がそんな危機感を覚えたことは一度や二度ではないかもしれません。非日常的なことですが今日も日本のどこかで会社が倒産しています。それだけ身近なことで、いつ自分の身に降りかかってくるか分からない話です。

本書をきっかけに破産手続きの理解を深め、万が一のことを頭の片隅においた企業経営を実現していただけると嬉しいです。本書が経営者だけでなく、経営者を支える方々にも届き、「破産」に対する正しい知識が広く伝わることを願っています。

　独立に挑戦し志半ばで力尽きて（破産して）しまった経営者が再起を図るときに「あの人は失敗した人だ」「前の会社を破産させた人だ」というレッテルを貼られることなく、再起を応援できる社会になることを願っております。

　本書を終えるにあたって合同会社トラストリンクに「ありがとう」という言葉を贈らせてください。

　トラストリンクと共に過ごした4年間は新型コロナウイルスの感染拡大に始まり波乱に満ちた航海でした。あっという間の4年間でした。苦しいときの方が多かったように思いますが、楽しい毎日を過ごさせて貰いました。

　突然の別れから気持ちの整理もつかぬまま破産手続きが始まり、本書の執筆を通して私なりに気持ちの整理がついたように思います。もうなくなってしまった法人ですが、トラストリンクが本書の中に残ることを今は嬉しく思います。もしかしたら本書のために生まれてきた法人だったのかもしれません（笑）。

　心から感謝しています。ありがとう。

　触れられることの少ないテーマで、ともすれば重い内容になってしまいかねない本書をここまで読み進めてくださり本当にありがとうございました。語られることの少ない破産手続きの実情を知っていただけると嬉しいです。

　読み終えられて「やはり大変そうだ」と思われるかもしれませんが、やってみると案外簡単な手続きです。当事者にとっては暗い気持ちから

晴れ晴れとした気持ちに変わり、最後には虹がかかるような手続きです。

　私の身の回りに起きた事件のことは遠慮なく笑い飛ばしてください（笑）。そして読者の皆様にとって新たな発見や実務における教科書となっていれば嬉しいです。

　また、最後になりましたが、本書に制作にあたっては執筆の機会を与えてくださったインプレス社と編集者の岡本 雄太郎様、弊社の申立代理人を務めてくださり本書においては専門家の立場から監修してくださった万和法律事務所 中島 裕一先生、竹田 仁先生に深く感謝申し上げます。

　皆様のお力添えによりこのような本を世に出すことができました。ありがとうございました。

　そして普段から私の活動を支えてくれている家族にも感謝の気持ちを述べさせてください。みんながそばにいてくれるので私は頑張ることができています。本当にありがとう。

　本書が1人でも多くの方に届きお役に立てることを願いつつ、筆をおかせていただきます。

　ありがとうございました。

2025年3月

山田 淳一

巻末付録　破産にまつわる疑問Q＆A

Q. 会社の経費で買ったテレワークの備品の扱いはどうなりますか？

A. 会社の経費で購入した物は会社の資産です。破産管財人の管理下となり処分・換金の対象となります。

【解説】

　新型コロナウイルスの感染拡大に伴って、自宅でテレワークの環境を整えた方は多いのではないでしょうか。そのときに買った物品は個人負担でしょうか？　それとも会社の備品として経費で購入されたでしょうか？

　私はデスクトップパソコンやプリンタなど会社の経費として処理した物がいくつかありました。会社が破産した場合、こういった物品は会社の経費で購入している以上、物品の所有権は個人ではなく会社が持っていることになります。

　破産手続きにおいては会社の資産に含められ処分・換金の対象となります。破産手続きのどこかのタイミングで「このパソコン・プリンタはどこにありますか」といった確認が行われることになるでしょう。

Q. 会社の資産を個人で買い取ることはできますか。

A. 買い取ることができます。申立代理人・破産管財人に相談してください。

【解説】

　私はテレワークの環境を整えるときに会社の経費で購入しました。パソコンやプリンタなどプライベートでも活用しており我が家の生活に欠かせない物になっていました。

　会社所有とはいえ、処分・換金されてしまうと我が家は困ってしまいます。会社によっては会社所有の車を営業職等に支給し、プライベートでの利用を許可している場合もあるでしょう。そんな会社が破産したときに、会社所有の車を処分することになったら営業職の家庭にとっては大打撃です。特に車が生活の必需品といえる地域であれば大問題です。

　そのような場合は、早いタイミングで申立代理人・破産管財人に相談しておきましょう。判断は破産管財人の手に委ねられますが、会社所有の物（動産）を個人が買い取ることができます。

　弊社の場合は、代理人を通して買取業者に見積を取ってもらい、その金額を元に破産管財人と交渉しました。その結果、無事に買い取ることができ、そのまま個人の所有物とすることができました。

　なお、買取金額は破産財団に組み込まれ、破産管財人の報酬や配当となります。

Q. 破産手続きにおいて「決算」はどのように行うのでしょうか。

A. 破産管財人が検討・対応するので申立人（経営者）は何もしなくて良いです。

【解説】

　あまり大きな声では言えないのですが、破産手続きにおいて「決算を行わない場合」もあるそうです。

　参考までに破産手続きに伴う会計処理について説明すると、
①最終事業年度の決算（最後の事業開始日から破産手続き開始決定日ま

での決算）

②残余財産（破産管財人の手により申立人の全ての資産を処分・換金が行われ残った資産）の確定

という処理が必要になります。

この2つの処理を行うにあたって、申立代理人・破産管財人は「破産手続きにおいて必要な処理かどうか」から検討を行います。「必要であれば決算を行う。必要なければ決算を行わない」ということです。

どのようなときに決算が必要になるかというと、最終事業年度の状況によって主に「納税の必要がある時」もしくは「還付を受けることができる時」のいずれかの場合です。

破産管財人の役割を考えるとイメージしやすいのですが、破産管財人の役割は「破産財団を管理し、申立人の資産の処分・換金を行い、債権者へ配当すること」です。言い換えると「破産財団を増やす」ことを目指しています。

そのため、破産財団の金額が変動する可能性があることは行う。可能性がなければ行わなくても良いということです。

「決算を行わなくても良い」と聞くと、驚きませんか？　経営者からすると「決算は行うもの」と思われている方が多いのではないでしょうか。「決算をしない」そんな選択肢があるとは思いもしませんでした。

Q. 申立人は破産後の次のキャリア・挑戦をいつから始めることができますか？

A. 破産手続きに支障のない範囲で、すぐに挑戦を始めてもらって構いません。

【解説】

　破産手続きと同時並行で行う必要があるのが、経営者自身の生活再建です。生活を維持するためにも稼ぎが必要です。

　私は破産手続きを着手する時に「いつから新しい仕事を始めて良いのか。破産手続きにかかりっきりになるのか」を質問しました。その回答にあっけを取られて驚きました。

2024年3月19日（申立代理人と委任契約を締結した日）の会話
私「いつから新しい仕事を始めて良いでしょうか？　雇用されることも視野に入れています」
申立代理人「明日から働いて（雇用されて）も構いません」

　正直、「（見つかるかどうかは別にして）え⁉ そんなに早いタイミングから始めて良いの⁉」と驚きました。もちろん破産手続きで必要なときにスムーズに対応できる範囲でなければいけません。

　ケースバイケースだとは思いますが、破産手続きを行いながら就業することは実際に可能です。雇用先が申立人の事情を理解してくださっている場合に限られますがフルタイムでの就業も可能です。

　弊社の場合、申立代理人との日々のコミュニケーションはLINE、必要に応じて音声通話で話す程度で、膝を突き合わせて話したのは初回訪問と2度目の訪問時くらいでした。

　時間を決めて会議室で打ち合わせを行うことはまったくありませんでした。

「これなら働きながらでも対応することができる」と理解したのは実際に手続きが始まってからのことです。破産手続きの着手後、申立人自身が必ず対応しなければいけないのは、「各種立ち合い」「破産管財人との面談」「債権者集会」の3つです。

Q. 終結後に返却されてきた資料・通帳・印鑑の取り扱いはどうしたら良いですか？

A. 処分していただいて結構です。保管期間なども定められていません。

【解説】

　破産手続きを着手するときに、申立代理人に銀行の預金通帳・会社の印鑑・現金・決算書類等を預けます。現金は破産財団に組み込まれますが、預金通帳・会社の印鑑・決算書類などは破産手続き終結後に返却されます。

　弊社は返却物だけでなく破産手続開始決定正本（正本＝原本のことです）、破産手続廃止決定正本も送っていただきました。

　また、申立代理人・破産管財人からの問い合わせに対応するために帳票等の資料を保管されていることでしょう。こういった通帳や印鑑、書類は破産手続きが終結した後に処分していただいて結構です。

　法律で「●年間保管」といった保管義務も定められていないので、すぐに処分していただいても問題ありません。

　しかし、「返して貰っても……」と思いませんか？　処分しづらいと思いませんか？　弊社も本書の執筆時点で、破産手続きの終結から3ヶ月近くの時間が過ぎましたが、未だ全てを処分することができていません。

　すぐに処分しようとも思ったのですが「万が一何かが……」と不安に思い、処分を迷っていたところに前述の後日談のようなことが起きるとますます処分しづらくなっています（汗）。

　そうは言っても保管していても他に使い道はなく、保管する場所を取るだけです。不安な気持ちを押し殺しながら順を追って処分していこうと考えています。印鑑くらいは形見として残しても良いかもしれませんが（笑）。

巻末付録　報告書サンプル

　最後に、今回本書の監修をいただいた万和法律事務所さんより、破産手続きで実際に使用する報告書のサンプルをご提供いただきました。

　なお、あくまでこちらは一例でしかなく、当然ながらこの形式でなければいけないというわけでもございません。

　破産申立に必要な書類はたくさんありますが、本書は破産申立の専門書ではありませんので、代表的な書式4点を読者の皆様に公開させていただきます。

<table>
<tr><td>印　紙
（1000円）</td></tr>
</table>

破産申立書（法人用）

令和　　年　　月　　日

●●地方裁判所（　　　支部）御中

　　　　　　申立代理人弁護士（担当）＿＿＿＿＿＿＿＿＿＿＿＿＿㊞
　　　　　　送達場所（事務所）〒＿＿＿＿＿＿＿＿＿＿＿＿＿＿＿
　　　　　　　　　　　　　　　　　＿＿＿＿＿＿＿＿＿＿＿＿＿＿＿
　　　　　　TEL（　　）　　－　　　　　　　FAX（　　）　　－

債務者(商号)　＿＿＿＿＿＿＿＿＿＿＿＿＿＿＿＿＿＿＿＿＿＿＿
代　表　者　＿＿＿＿＿＿＿＿＿＿＿＿＿＿＿＿＿＿＿＿＿＿＿
申　立　人　＿＿＿＿＿＿＿＿＿＿＿＿＿＿＿＿＿（準自己破産の場合のみ）
本店所在地　（〒　　－　　　）　登記事項証明書（法人）記載のとおり
　　〒＿＿＿＿＿＿＿＿＿＿＿＿＿＿＿＿＿（登記事項と異なる場合のみ）

申 立 て の 趣 旨

　　債務者＿＿＿＿＿＿＿＿＿＿＿＿＿＿＿について破産手続を開始する。

申 立 て の 理 由

　　債務者は，1のとおりの債務を負担し，財産総額は2のとおりであるため，支払
不能又は債務超過の状態にある。

1　債務の状況（別紙債権者一覧表記載のとおり）
　(1)　一般破産債権総額　　　　　　　　万　　　　　　　円（債権者＿＿＿＿人）
　(2)　優先的破産債権及び財団債権総額
　　　　　　　　　　　　　　　　万　　　　　　　円（債権者＿＿＿＿人）
2　財産の状況（別紙財産目録記載のとおり）
　　　同収見込額合計　　　　　　　万　　　　　　　円

参 考 事 項
（必ずこの欄も記載する）

1　破産管財人への引継予定の現金　＿＿＿＿＿＿＿＿＿＿＿＿円
2　代表者の破産申立てをしたか（□有・□無）
　　　その係属する裁判所と事件番号等
　　　＿＿＿＿＿地方裁判所＿＿＿支部　令和＿＿年（フ）第＿＿＿＿号，＿＿＿係
　　　その事件の進行（□開始決定済・□同時申立・□開始決定未）
　　　その破産管財人の氏名等（弁護士＿＿＿＿＿＿＿＿，TEL（　　）　　－　　　）
　　　今後の予定（□予定有　令和＿＿年＿＿月ころ・□予定無）

電子納付希望の場合　登録コード＿＿＿＿＿＿＿

<table>
<tr><td></td><td></td><td rowspan="2">受領印</td></tr>
<tr><td>印　紙</td><td>郵　券</td></tr>
<tr><td>1000円</td><td>円</td><td></td></tr>
</table>

ver. 1.0

報告書（法人用）

令和　　年　　月　　日

●●地方裁判所　　　　御中

申立代理人 ＿＿＿＿＿＿＿＿＿＿＿＿＿ 印

会社代表者又は
準自己破産の場合の申立人

＿＿＿＿＿＿＿＿＿＿＿＿＿ 印

1　一般管財手続（招集型・非招集型）・個別管財手続の希望
　　□本件が，一般管財手続（招集型）として取り扱われることを希望する。
　　□次の注意事項を了解し，本件が，一般管財手続（非招集型）として取り扱わ
　　　れることに異議がない。
　　　注：破産手続開始決定の前後を問わず，一件書類に記載された事実と異なる
　　　　　事実又は一件書類に記載されていない事実が判明する等して，非招集型手
　　　　　続として処理することが不適切であると裁判所が判断した場合は，招集型
　　　　　手続として処理されることになります。
　　□本件が，個別管財手続として取り扱われることを希望する。

2　債務者会社の申立前の営業内容（現実に行っていた事業）
　　＿＿＿＿＿＿＿＿＿＿＿＿＿＿＿＿＿＿＿＿＿＿＿＿＿＿＿＿＿＿＿＿＿＿

3　営業所，事務所，工場，倉庫，社宅，駐車場等の場所，自己所有又は賃借の
　　別，明渡しの状況及びその必要額
　　(1) 本店の住所＿＿＿＿＿＿＿＿＿＿＿＿＿＿＿＿＿＿＿＿＿＿＿＿＿＿
　　　　取扱郵便局　日本郵便株式会社＿＿＿＿＿郵便局（〒　　　－　　　　）
　　　　□自己所有
　　　　□賃借（賃料月額＿＿＿＿＿＿＿円，契約上の返戻金＿＿＿＿＿＿＿円）
　　　　　□明渡完了
　　　　　□明渡未了（明渡予定日　令和＿＿＿年＿＿＿月＿＿＿日　）
　　　　　　その明渡及び原状回復費用見込額＿＿＿＿＿＿＿＿＿＿＿＿＿円
　　　　　　□見積書の写しを提出した。

Ver1.0

(2) _____の住所_____

　　取扱郵便局　日本郵便株式会社_____郵便局（〒　　　－　　　　）

　　□自己所有

　　□賃借（賃料月額_____円，契約上の返戻金_____円）

　　　　□明渡完了

　　　　□明渡未了（明渡予定日　令和____年____月____日　）

　　　　　その明渡及び原状回復費用見込額_____円

　　　　　□見積書の写しを提出した。

4　従業員関係

(1) 従業員数　　総数_____名

(2) 解雇

　　□解雇した。　　　解雇通知　令和____年____月____日

　　□解雇していない。

　　　　解雇していない従業員の数_____名

　　　　解雇予定日　令和____年____月____日

(3) 離職票

　　□解雇した全ての従業員に離職票を交付済みである。

　　□離職票を交付していない従業員がいる。

(4) 雇用保険の資格喪失届

　　□雇用保険の被保険者である全ての従業員について資格喪失届をハローワ
　　　ークに提出した。

　　□資格喪失届を提出していない従業員がいる。

(5) 社会保険の資格喪失届

　　□社会保険の被保険者である全ての従業員について資格喪失届を年金事務
　　　所に提出した。

　　□資格喪失届を提出していない従業員がいる。

(6) 源泉徴収票

　　□解雇した全ての従業員に源泉徴収票を交付済みである。

　　□源泉徴収票を交付していない従業員がいる。

(7) 住民税の異動届

　　□特別徴収を行っていた全ての従業員について普通徴収への異動届を従業
　　　員の住所地の各市町村に提出した。

　　□異動届を提出していない従業員がいる。

Ver1.0

(8) 労働組合の有無
　□有　その名称＿＿＿＿＿＿＿＿＿＿＿＿＿＿＿
　　　　主たる事務所所在地〒＿＿＿＿＿＿＿＿＿＿＿＿＿＿＿＿＿＿＿＿＿
　　　　組合員数＿＿＿＿＿＿＿＿＿＿名
　　　　組合代表者氏名＿＿＿＿＿＿＿＿＿＿＿＿＿＿＿＿＿＿
　□無　従業員の過半数を代表する者の氏名＿＿＿＿＿＿＿＿＿＿＿＿＿＿＿
　　　　その者の住所〒＿＿＿＿＿＿＿＿＿＿＿＿＿＿＿＿＿＿＿＿＿＿＿

5　支払停止の状況
　□1回目の手形不渡（又はその見込）日　令和＿＿＿＿年＿＿＿月＿＿＿日
　□2回目の手形不渡（又はその見込）日　令和＿＿＿＿年＿＿＿月＿＿＿日
　□閉店又は廃業の日　　　　　　　　　令和＿＿＿＿年＿＿＿月＿＿＿日

6　事業についての免許，登録その他の許可の有無
　□無
　□有　所轄行政庁又は機関の名称＿＿＿＿＿＿＿＿＿＿＿＿＿＿＿＿＿＿＿
　　　　その所在地〒＿＿＿＿＿＿＿＿＿＿＿＿＿＿＿＿＿＿＿＿＿＿＿＿＿

7　取戻権行使の見込みの有無
　□有　□リース物件（別紙リース物件一覧表記載のとおり）
　　　　□預かり商品等（別紙のとおり）
　□無

8　係属中の訴訟等（破産手続，民事再生手続，会社更生手続，督促手続，仮差押
　え，仮処分，競売手続等を含む）の有無
　□有（内容は，別紙係属中の訴訟等一覧表記載のとおり）
　□無

9　倒産直前の弁済，資産譲渡，担保設定等の有無
　□有（別紙倒産直前の処分行為等一覧表記載のとおり）
　□無

10　相殺予定以外の預金口座の解約
　□終了した。
　□解約予定である（現在手続中）。
　　　終了予定日　令和＿＿＿＿年＿＿＿月＿＿＿日
　□解約未了口座が残る予定。

Ver1.0

11 売掛金の回収
　　□全て回収した。
　　□回収していないものもある。
　　　　未回収件数　＿＿＿＿＿＿＿＿件
　　　　未回収金額　＿＿＿＿＿＿＿＿円
　　　　　　回収可能性　　□有
　　　　　　　　　　　　　□無
　　　　　　回収困難な場合
　　　　　　その理由（　　　　　　　　　　　　　　　　　　　）

12 貸付金の回収
　　□全て回収した。
　　□回収していないものもある。
　　　　未回収件数　＿＿＿＿＿＿＿＿件
　　　　未回収金額　＿＿＿＿＿＿＿＿円
　　　　　　回収可能性　□有
　　　　　　　　　　　　□無
　　　　　　回収困難な場合
　　　　　　その理由（　　　　　　　　　　　　　　　　　　　）

13 機械・工具類・什器備品・在庫商品の有無
　　□有
　　　　その評価額＿＿＿＿＿＿＿＿＿円
　　　　□換価可能
　　　　□換価不可能
　　　　　　廃棄費用見込額＿＿＿＿＿＿＿＿＿円
　　　　　　□見積書の写しを提出した。
　　□無

14 継続的契約の状況
（1）電気
　　　　□全て解約済み・契約なし
　　　　□解約未了の契約がある
　　　　　（場所＿＿＿＿＿＿＿＿＿＿＿＿＿＿＿＿＿＿＿＿＿＿＿）

Ver1.0

4

おわりに　105

(2) ガス
　　□全て解約済み・契約なし
　　□解約未了の契約がある
　　　（場所　　　　　　　　　　　　　　　　　　　　　　）
(3) 水道
　　□全て解約済み・契約なし
　　□解約未了の契約がある
　　　（場所　　　　　　　　　　　　　　　　　　　　　　）
(4) 固定電話
　　□全て解約済み・契約なし
　　□解約未了の契約がある
　　　（番号　　　　　　　　　　　　　　　　　　　　　　）
(5) 携帯電話
　　□全て解約済み・契約なし
　　□解約未了の契約がある
　　　（番号　　　　　　　　　　　　　　　　　　　　　　）

15　申立代理人の受任後の業務内容
　(1) 債務者会社の資産及び負債に関する調査，確認
　　　□申立書に記載した資産及び負債の状況については，債務者会社の代表者（代
　　　　表者からの事情聴取が困難な場合はそれに代わる者）及び経理担当者から
　　　　十分に事情を聴取し，直近の決算書に記載された財産の内容とも照合した
　　　　上，事実関係を調査，確認し，記載した。
　(2) 現金，預金通帳，有価証券，帳簿・印鑑等の保管
　　　□債務者会社の現金，預金通帳，有価証券，帳簿，印鑑，自動車の鍵等，管
　　　　財人に直ちに引き継ぐべき資料及び財産については，申立代理人において
　　　　適切に管理する措置を講じた。
　(3) 従業員の解雇に関する措置
　　　□従業員については解雇の有無を確認し，解雇通知未了の場合，直ちに解雇
　　　　の手続を行った。

Ver1.0

106 ｜ おわりに

16 代表者（代表者が死亡等によりいない場合はこれに準じる者）について
　　□代表者等は以下の連絡先により破産管財人が直ちに連絡をとりうる状態で生活している。
　　　①　現住所
　　　（〒　　　　－　　　　　　）

　　　②　連絡がとれる電話番号（　　　　）－（　　　　　）－（　　　　　）
　　　　　携帯電話の番号　　　　（　　　　）－（　　　　　）－（　　　　　）

17　破産法４１条の財産の内容を記載した書面としては，添付の財産目録を援用することとする（ただし，開始決定までに記載内容に変動があった場合には改めて提出する。）。

18　破産原因が生じた事情（債務者の事業が不振に至った経緯，債務が増大した理由など）及び粉飾決算の有無は次のとおりである（できるだけ詳しく記載して下さい。）。

Ver1.0

おわりに｜107

① 債権者一覧表

番号	債 権 者 名	〒	住　所（送達場所）	TEL FAX	債権の種類	備　考
1						
2						
3						
4						
5						
6						
7						
8						
9						
10						

債権の種類の記載方法
1（借入金）、2（手形・小切手債権）、3（買掛金）、4（リース債権）、5（労働債権）、6（その他）、7（公租公課）
なお、「その他」については、備考欄にその債権の種類を記載する。また、その他についての債権者一覧表も別途作成する。

債権者数	名	債務総額	円
		（うち優先的破産債権・財団債権	円）

資産及び負債一覧表（法人用）

債権者　○○○○株式会社
単位：円

資産

番号	科　目	各目額（簿価額等）	回収見込額	備　考
1	現　　　金			
2	預　貯　金			
3	受取手形・小切手			
4	売　掛　金			
5	在　庫　商　品			
6	貸　付　金			
7	不　動　産			
8	機械・工具類			
9	什　器　備　品			
10	自　動　車			
11	有　価　証　券			
12	賃借保証金・敷金			
13	保険解約返戻金			
14	過　払　金			
15	そ　の　他			
16				
	資産総合計	0	0	

※詳細は各目録のとおり

負債

番号	債権の種類	科　目	金　額
1	一般破産債権	借　入　金	
		手形・小切手債権	
		買　掛　金	
		リース債権	
		その他の債権	
		小計①	0
2	優先的破産債権・財団債権	労　働　債　権	
		公　租　公　課	
		その他の債権	
		小計②	0
		①＋②	0
		債権者総数	名

※詳細は各債権者一覧のとおり

債務超過額 　　　　　　　　　　　0 円

（記載にあたっての注意）各目録や各一覧表の金額を確認の上、誤りのないよう転記してください。

著者紹介

山田 淳一 （やまだ じゅんいち）

国家資格キャリアコンサルタント
大学を卒業しITエンジニア職・人事職を経て2010年より人材紹介事業に従事。両面型転職
エージェントとして医薬品・化学業界の中途採用・転職支援に従事。
2020年1月に合同会社トラストリンクを創業するも、2024年3月に債務超過のため倒産。経
営者個人は自己破産しないレアケースとして法人の破産手続きを進め、2024年10月に7ヶ
月間という短期間で破産手続きを完了した。

監修者紹介

中島 裕一 （なかじま ゆういち）

2012年に神戸大学法科大学院を卒業後、最高裁判所司法修習を修了（66期）。2014年に弁
護士法人宮﨑綜合法律事務所に入所。その後、2020年に万和法律事務所を開設する。
主な著作に『文書提出命令　申立の手引』『Q＆A自治体の私債権管理・回収マニュアル
第2版』『法人破産申立実践マニュアル　第2版』『家庭裁判所の財産管理実務』『終活契約
の実務と書式』がある。

竹田 仁 （たけだ じん）

2019年に神戸大学法科大学院を卒業後、最高裁判所司法修習を修了（73期）。2021年に大
阪市内の法律事務所に入所し、2023年より万和法律事務所に入所。

●**お断り**
掲載したURLは2025年3月1日現在のものです。サイトの都合で変更されることがあります。また、電子版ではURL
にハイパーリンクを設定していますが、端末やビューアー、リンク先のファイルタイプによっては表示されないこと
があります。あらかじめご了承ください。
●**本書の内容についてのお問い合わせ先**
株式会社インプレス
インプレス NextPublishing　メール窓口
np-info@impress.co.jp
お問い合わせの際は、書名、ISBN、お名前、お電話番号、メールアドレス に加えて、「該当するページ」と「具体的
なご質問内容」「お使いの動作環境」を必ずご明記ください。なお、本書の範囲を超えるご質問にはお答えできないの
でご了承ください。
電話やFAXでのご質問には対応しておりません。また、封書でのお問い合わせは回答までに日数をいただく場合があ
ります。あらかじめご了承ください。

●落丁・乱丁本はお手数ですが、インプレスカスタマーセンターまでお送りください。送料弊社負担にてお取り替えさせていただきます。但し、古書店で購入されたものについてはお取り替えできません。
■読者の窓口
インプレスカスタマーセンター
〒101-0051
東京都千代田区神田神保町一丁目105番地
info@impress.co.jp

法人破産奮闘記
経験者が明かす手続き205日の全貌

2025年3月28日　初版発行Ver.1.0（PDF版）

著　者　山田 淳一
監　修　中島 裕一、竹田 仁
編集人　岡本 雄太郎
発行人　髙橋 隆志
発　行　インプレス NextPublishing
　　　　〒101-0051
　　　　東京都千代田区神田神保町一丁目105番地
　　　　https://nextpublishing.jp/
販　売　株式会社インプレス
　　　　〒101-0051　東京都千代田区神田神保町一丁目105番地

●本書は著作権法上の保護を受けています。本書の一部あるいは全部について株式会社インプレスから文書による許諾を得ずに、いかなる方法においても無断で複写、複製することは禁じられています。

©2025 Junichi Yamada. All rights reserved.
印刷・製本　京葉流通倉庫株式会社
Printed in Japan

ISBN978-4-295-60373-3

NextPublishing®

●インプレス NextPublishingは、株式会社インプレスR&Dが開発したデジタルファースト型の出版モデルを承継し、幅広い出版企画を電子書籍＋オンデマンドによりスピーディで持続可能な形で実現しています。https://nextpublishing.jp/